Verlag

Medialität ist lernbar

Für alle Menschen
auf der Suche
nach Ihrem wahren Zuhause.

Grüße aus dem Jenseits

Ein medialer Weg von
Amara Yachour

© 2012 Amara Yachour

Umschlaggestaltung, Satz, Illustration: Verena Haberkorn
Lektorat, Korrektorat: ad facere, Inh. Jessica Schnell

Verlag: salutano Verlag - Medialität ist lernbar
978-3-943878-00-4
Printed in Germany

Inhalt

Der Weg als Medium

Der Weg als Medium

Die Gaben der geistigen Welt

1 Von den geistlichen Gaben aber will ich euch, liebe Brüder, nicht verhalten.

2 Ihr wisset, dass ihr Heiden seid, gewesen und hin gegangen zu den stummen Götzen, wie ihr geführt wurdet.

3 Darum tue ich euch kund, dass niemand Jesum verfluchet, der durch den Geist Gottes redet; und niemand kann Jesum einen Herrn heißen, ohne durch den Heiligen Geist.

4 Es sind mancherlei Gaben, aber es ist ein Geist.

5 Und es sind mancherlei Ämter, aber es ist ein Herr.

6 Und es sind mancherlei Kräfte, aber es ist ein Gott, der da wirkt alles in allen.

7 In einem jeglichen erzeigen sich die Gaben des Geistes zum gemeinen Nutzen.

8 Einem wird gegeben durch den Geist, zu reden von der Weisheit; dem andern wird gegeben, zu reden von der Erkenntnis nach dem selbigen Geist;

9 einem andern der Glaube in dem selbigen Geist; einem andern die Gabe, gesund zu machen, in dem selbigen Geist;

10 einem andern, Wunder zu tun; einem andern Weissagung; einem andern, Geister zu unterscheiden; einem andern mancherlei Sprachen; einem andern, die Sprachen auszulegen.

11 Dies aber alles wirket der selbige einige Geist und teilet einem jeglichen seines zu, nachdem er will.

1. Korinther 12

Der Anfang

Der Anfang

Und ich sah einen neuen Himmel und eine neue Erde;
denn der erste Himmel und die erste Erde
sind vergangen, und das Meer ist nicht mehr.
Offenbarung Kapitel 21,01

Seit Tausenden von Jahren ist die Erde nach einer Zeit der Blüte von Hochkulturen im Abstieg begriffen. Das ist ein Fakt, wenn wir uns das große Ganze ansehen und nicht aus unserer Position des menschlichen individuellen Daseins unserer Zeit betrachten.

Unser Intellekt spielt zwar die Errungenschaft der Medizin, der Wissenschaft und anderer Künste hoch, doch sind diese Errungenschaften wirklich erstrebenswert? Haben sie uns weitergebracht auf unserem menschlich seelischen Entwicklungsweg?

Wir denken, wir haben viel erreicht, doch all dieses Wissen war bereits vor Tausenden von Jahren greifbar und wir erinnern uns im Moment lediglich. Wir stehen im dunkelsten Zeitalter seit Aufzeichnungsbeginn der Menschheit. Wir leben in der Ära, die wir als Grab, Tod oder Finsternis bezeichnen. Diese Ära wurde vor 2000 Jahren eingeleitet, als wir in das Fische-Zeitalter eintraten und neigte sich am 21.3.2012 dem Ende zu. An diesem Tag traten wir in ein neues Zeitalter ein, das Wassermann-Zeitalter. Die Welt steht am Scheideweg.

Materiell sind wir reicher als je zuvor, doch Gewalt, Aggression, Rassenhass, Zerstörung und Verzweiflung überziehen unseren Planeten und es sind nur wenige, die aufbegehren und nach neuen Wegen suchen. Der äußere Weg und alle Versprechen von Reichtum haben uns nicht die Erlösung und die Erfüllung gebracht. Wir sind hungriger denn je. Hungriger nach Liebe, Frieden, einer intakten Umwelt und unsere Seele sucht den Weg nach Hause. Auch die spirituelle Szene ist zerrissen.

Viele Ansätze und Einzelthemen, doch ein Gesamtkonzept, das den Menschen auf allen Ebenen betreut, ist nicht vorhanden. Auch die Medizin schaut nur in die Symptomatik, vergisst aber den holistischen Effekt der Heilung.

Wir sind reicher als je zuvor, haben Geiseln der Menschheit wie die Pest ausgerottet und sind doch kränker als je zuvor, obwohl uns alle neuen Errungenschaften der Medizin durch ein gigantisches Marketing als Heil bringend verkauft werden. Dabei vollzieht sich bereits seit Langem im Stillen ein gigantischer Prozess der Zerstörung und Entmündigung. Da werden Heilkräuter auf den Index gestellt, die Natur genetisch manipuliert, damit die Pflanze unfruchtbar bleibt und die Saatgutkonzerne ihr Monopol behalten. Flüsse verschwinden von der Erde in Sekunden. Menschen werden mit Wellen bestrahlt und „Mind Control" ist nicht eine Horrornachricht, sondern eine längst verifizierte Tatsache. Die Nachrichten werden gefiltert und ausgesiebt und wir denken, dass wir die Elite sind. Dabei haben wir längst den Blick für das Wesentliche verloren und wir haben keinen Überblick mehr. Wenn wir unseren Stand des Menschseins im geschichtlichen Kontext einordnen würden, dann sehen wir, dass wir im dunkelsten Zeitalter seit Erschaffung der Menschheit leben. Wir leben alle mit einer suizidalen Tendenz. Anders kann man sich Entscheidungen für Atomkraftwerke, Genmanipulationen, Abtreibungen, Hinnahme der Vergiftung unserer Nahrungsmittelkette, Verseuchung unseres Trinkwassers und viele andere Dinge nicht erklären.

Unser Dasein ist leer und sinnlos geworden. Wo sind die Künstler vergangener Zeiten, die epochale Bauwerke geschaffen haben? Wo sind die Musiker, deren Stücke Jahrhunderte überdauert haben? Was kann unsere Ära vorweisen?

Alles ist leer und flach geworden und der Mensch hat sich der materiellen Gier untergeordnet. Menschen bekämpfen sich wegen anderer Hautfarben und Religionen. Regierungen sprengen ihre eigene Nation in die Luft, um einen Grund für einen Einmarsch in ein fremdes Land zu haben. Schüler laufen Amok unter der Einnahme von Antidepressiva. Wir können gar keine freie Meinung mehr haben, da unsere Informationsquellen bereits verseucht sind und manipuliert werden.

Im Nachmittagsprogramm der TV-Sender weiden sich Menschen an dem Elend anderer. Seit dreizehn Jahren schaue ich kein Fernsehen mehr und seit zehn Jahren höre ich auch kein Radio mehr.

Seitdem höre und sehe ich oft mehr als ich ertragen kann, denn meine Sinne wurden geschärft, das Wesentliche zu hören und meine innere Wahrheit weiß ganz genau, wann eine Nachricht stimmt und wann ihr Wahrheitsgehalt fragwürdig ist. Seitdem geht meine Reise nach innen und in die andere Dimension, die wir Menschen die geistige Welt oder profan ausgedrückt, das Jenseits nennen.

Ich bin ein Sucher. Warum das so ist, kann ich nicht erklären, doch bereits als kleines Kind suchte ich nach der Wahrheit. Damals war ich zu klein, um zu wissen, wonach ich suchte, doch egal was ich lernte, ich war nie zufrieden. Der Hunger nach einem „Mehr" blieb. Damit begann eine unendliche Reise, die mich in ein Vorstellungsvermögen geführt hat, das weit über den Alltag hinausragt. Ich habe Welten entdeckt, die unsichtbar sind, mit Menschen gesprochen, die tot sind, Wissen erfahren, das man uns vorenthält und ganz nebenbei mein eigenes Paradies gefunden.

Das Paradies, nach dem sich alle Menschen sehnen. Das Paradies, das uns Gott verheißen hat. Durch die zunehmende Bewusstwerdung unserer geistigen Fähigkeiten beginnen sich nun die inneren Sinne und das Auge der Erkenntnis zu öffnen und lange verschüttetes Wissen der Offenbarung dringt nun in unser Bewusstsein und öffnet uns für neue Erkenntnisse und Überwindung von Limitierungen unseres bewussten Seins. Unser Weg geht zurück nach Hause und die Rosenkreuzer haben es perfekt formuliert. Sie nennen es die fünf Offenbarungen:

- Inneres Hören transzendenter (sphärischer) Klänge und Sehen des astralen Lichts
- Himmelsschau (visionäres Sehen des inneren Meisters und höherer Welten bzw. Schöpfungsebenen)
- All-Einsicht und All-Verständnis
- Wahrnehmung des reinen, göttlichen Selbst
- Gottesschau

Mit zunehmendem Erleben dieser Offenbarungen entfaltet sich die Fähigkeit des spirituellen Reisens, der Meistertechnik zur menschlichen Vollendung. Doch damit ist unsere geistige Reise noch keineswegs abgeschlossen. Vieles gilt es noch zu entdecken und viele himmlische Ebenen zu erforschen. Wir stehen am Anfang des Weges und dürfen den ersten Blick in die Lichtwelten Gottes werfen und staunen über die Größe, die sich uns offenbart.

Maryam

Maryam

Vor vielen Jahren unternahm ich eine schamanische Reise, ohne ein bestimmtes Ziel zu haben. Diese Reise führte tief in die Bilderwelten meiner Seele und ich war plötzlich an einem Ort, an dem ich noch niemals zuvor war. Ich hörte mich selber einen Hang hinaufgehen. Der Kies knirschte unter meinen Füßen und das Tal lag schon tief unter mir. Es gab nicht viel Vegetation in diesem einsamen Landstrich und über mir wurde es felsiger und die Kieshalde ging in einen kleinen Berg über. Oben angelangt sah ich die Öffnung einer Höhle. In dieser mentalen Reise ging ich neugierig hinein. Die Höhle war relativ groß und hoch und von oben gab es eine natürliche Lichtquelle. Der Boden war sehr staubig und es gab keinen Hinweis in dem Staub, dass auch nur irgendjemand für lange Zeit hier gewesen war. Ich beschloss, die Höhle zu meinem Nachtquartier zu machen. Es wurde später Nachmittag und ich hatte nicht mehr das Gefühl, allein zu sein. Mein Blick wurde immer magisch in die linke hintere Ecke gezogen und ich hörte eine Stimme in meinem Kopf, die mit mir sprach.

„Ich habe lange auf Dich gewartet und nun bist Du endlich da. Willkommen in meinem Heim." Ich war total erschrocken und suchte die Quelle dieser Stimme und ging neugierig in das hintere Ende der Höhle. Etwas zog mich unwiderstehlich an. Etwas ragte aus der Erde und ich erschrak. Menschliche Knochen, die im Laufe von Jahrzehnten sanft von Staub bedeckt wurden, lagen nun nach einer sanften Brise halb in den Sand vergraben vor mir.

Ich wunderte mich sehr, dass ich gar keine Angst hatte und fragte: „Wer bist Du?" Und die Stimme sprach:

„Ich bin weit gereist. Meine Füße haben den Staub vieler Länder gesehen und mein Herz hat weite Wege zurückgelegt. Ich habe viele Namen. Einer davon ist Maryam. Viele Menschen sind zu mir gekommen, hier in diese Höhle. Dabei war ich nur eine einfache Frau. Ich habe hier sehr lange gelebt und ich möchte so gerne noch einmal den Sonnenuntergang über meinem Tal sehen. Kannst Du mir helfen?"

Vorsichtig nahm ich ihre Gebeine aus dem Sand. Ich setzte mich mit dem Rücken an den Fels gelehnt vor die Höhle und nahm ihre Gebeine so in meine Arme, dass sie nach vorne schauen konnte und die wunderschöne Aussicht hatte über das Rot und Orange, das dieses Tal in einen wunderbaren Schimmer voller Wärme tauchte. Nicht einen Moment kam mir diese Handlung merkwürdig vor. In der Realität wäre ich sehr wahrscheinlich vor Angst so weit gelaufen, wie mich meine Füße getragen hätten, doch hier, auf dieser schamanischen Reise, erschien mir alles vollkommen natürlich.

Maryam sagte: „Die Farben erinnern mich an meinen letzten Tag. Es war der Tag, bevor ich für immer mit der Liebe meines Lebens vereint wurde, und wir uns noch einmal hier zum göttlichen Tanz trafen.Ich konnte ihn fühlen, wie er kam und mich holte. Er nahm mich sanft in die Arme und sagte zu mir: „Maryam. Es wird Zeit zu gehen. Komm nach Hause!" Ihn endlich wieder zu spüren, nach all den Jahren Einsamkeit. Seinen Geruch einzuatmen, seine Liebe und Güte zu fühlen und von seinem wunderbaren Licht eingehüllt, trat ich meine Reise zu Gott an und sein Sohn, die größte Liebe meines Lebens, begleitete mich und ließ mich nicht einen Moment los. Wir tanzten eng aneinander geschmiegt in eine Welt voller Farben, die immer heller und heller wurde und all meinen Schmerz, meine Einsamkeit und meinen Zorn hinweg nahm, bis nur noch Liebe übrig blieb. Diese Liebe umfasste jede Zelle und jeden Augenblick meines Lebens, als sich der irdische Leib löste und ich in meine wahre Gestalt zurückkehrte".

Die Luft wurde kühler und die Schatten länger. Auf ihren Wunsch legte ich ihre Gebeine sanft zurück in den Staub. „Wir werden uns wiedersehen. Ich werde Dich rufen und bitte schreib unsere Geschichte auf, schreib nur mit dem Herzen für alle die, die mit dem Herzen noch hören, sehen und fühlen können." Ich verneigte mich vor ihr und trat den Rückweg an.

Seitdem zieht es mich von Zeit zu Zeit in ihre Gegenwart in diese Höhle und es sind Dinge, die sie mir erzählt, die ich alle aufgeschrieben habe und es werden mehr und mehr. Einige von diesen Gesprächen habe ich für Sie aufgeschrieben, wieder andere davon bewahre ich tief in meinem Herzen. Sie sind meine Nahrung und meine Kraft.

Heute reise ich nicht mehr schamanisch, sondern habe eine direkte mediale Verbindung und gehe den alten medialen Weg, und je mehr ich diesen Weg gehe, desto mehr offenbart sich.

Mein Weg

Mein Weg

„Doch Maria Magdalena und Johannes,
der Jungfräuliche, werden alle meine Jünger
und alle Menschen, die die Mysterien vom
Unaussprechlichen empfangen, überragen.
Und sie werden zu meiner Rechten und zu meiner
Linken sein. Und ich bin sie und sie sind ich.“

Pistis Sophia (Kap. 96)

Pistis Sophia (was übersetzt Glaube und Weisheit bedeutet) ist einer der wichtigsten koptisch-gnostischen Texte und wurde in Ägypten gefunden. Diese Schriften handeln vom Überleben Jesus und seine elf Jahre andauernden Lehren über den Lichtaufstieg, die er seinen Jüngern und Maria Magdalena als seiner Gefährtin zukommen ließ. Es handelt sich um die 24 Mysterien, die zu durchschreiten sind, bevor der Aufstieg ins Licht stattfindet. In diesen Schriftrollen wird Maria Magdalena mit vielen Namen belegt und ihr Status ist hier vollkommen differenziert dargestellt im Gegensatz zu den Lehren der Amtskirche als Geist-Erfüllte. Sie wird hier mit Beinamen bezeichnet als

- **Begnadete**
- **Erbin des Lichtreichs**
- **Reine**
- **All-Begnadete**

- **Allselige Vollheit**
- **In Fülle Begnadete**
- **Vor allen Frauen Begnadete**
- **Höchste Fülle und höchste Vollendung**
- **Erleuchterin**
- **Lichtreine**

Einer ihrer Namen ist Maryam, daher wusste ich lange nicht, wer sie war und ich habe sie auch nie gefragt, da mich diese Worte so stark berührten und ich glücklich war, wenn Sie sich meldete.

Durch viele mediale Ausbildungen im In- und Ausland habe ich meine Sensitivität verbessert und spüre nun, wenn sich jemand aus den Lichtwelten nähert. Immer wenn sie kam, erwachte ein unbeschreiblicher Wunsch in mir, etwas aufzuschreiben und ich setzte mich an den Computer und bat sie: „Lehre mich!"

Dann kamen die ersten Worte und am Ende eines Kapitels wusste ich bereits nicht mehr, was ich aufgeschrieben hatte. Erst beim Durchlesen wurde ich mir der Tiefe der Worte bewusst. Ich glaube, sie ist die meist verkannteste Frau in der Geschichte und auch ich kann kein Licht in ihr Leben und in ihre Geschichte bringen. Das ist auch nicht meine Aufgabe. Ich kann nur das Bild wiedergeben, wie ich sie sehe und fühle, wenn ich Ihre Worte vernehme. Alles, was ich sagen kann, ist, dass sie eine außerordentliche Ausstrahlung hat. Der Frieden und die Weisheit ihres Herzens überströmen mich beim Schreiben. Ihre tiefe Liebe zu Jesus, dem Menschensohn und zu uns Menschen ist eine Offenbarung. Sie ist eine wahre Priesterin und Mittlerin zwischen Gott, seinen Welten und den Menschen, und mich überwältigt der Glanz ihrer Gegenwart jedes Mal aufs Neue. Sie bringt Licht in mein Leben und lässt mich weiter suchen und gehen, um auch einmal so viel Liebe geben zu können, wie diese Frau. Ihre Beinamen beschreiben sie besser, als ich es je könnte.

Ihr Weg

Ihr Weg

Ich bin von weit hergekommen. Wir waren gestrandet an fremder Küste. Wir waren alleine und doch erfüllt. Beseelt von dem Einen und der Liebe, die niemals mehr unsere Herzen verlassen würde. Oft seid ihr traurig und verlassen und fühlt euch einsam. Doch das seid ihr nicht ... Ihr seid verbunden mit dem unendlichen Strom der Liebe, die vor allen Zeiten begann und nach allen Zeiten endet.

Sie ist erschaffen und schöpft sich aus den unendlichen Tiefen der Präsenz Gottes. Liebe ist das Jetzt. In der Liebe zu sein, bedeutet, ganz im Moment zu leben. Pures Sein und pure Präsenz durch den Atem, verbunden mit der Allmacht der Schöpfung.Niemals seid ihr alleine. Untrennbar verbunden mit allem, was lebt, durchdrungen vom Atem der Schöpfung und des Einen, der reinen Geistes ist. Ihr seid nur dann einsam, wenn ihr ohne Liebe seid. Doch in Wirklichkeit seid ihr nie ohne sie, ihr fühlt euch nur von ihr getrennt. Diese Trennung vollzieht sich, wenn ihr aufhört zu glauben. Zu glauben an die tiefe Vergebung und Barmherzigkeit, die in jeder Kammer des Herzens wohnt. Ihr schließet euch ein und schließt somit die Menschen aus. Dadurch verschließt ihr euch auch vor der Liebe. Selbst wenn alle Türen scheinbar verschlossen sind, so gibt es dennoch einen Schlüssel: Sanftmut gepaart mit Barmherzigkeit und Hoffnung. Jede Tür, die in tiefem Glauben und Hoffnung geöffnet wird, wird für immer geöffnet bleiben. Und jede Tür, die sich ohne euer Zutun öffnet, aber den Glauben und die Hoffnung nicht kennt, wird sich wieder verschließen.

Ich habe die größte Liebe meines Herzens verloren, doch sie durchdringt immer noch mit ihrer geistigen Präsenz jede Zelle meines Körpers. Diese Liebe hat mich geöffnet und Hoffnung gesät, wo nur Dürre war und mich mit Glauben getränkt, wo ich durstig war. Sie hat die tiefsten Ebenen meines Herzens geöffnet und mich Barmherzigkeit gelehrt, wo früher Anmaßung und Arroganz herrschte.

Diese Liebe ist heilender Balsam und ich trage sie in meinem Herzen und auf meiner Zunge durch alle Länder, Dörfer und Kontinente. Sie fragt nicht nach falsch und richtig, sondern sie verwandelt die Falschheit in Wahrheit. Selbst der Tod hatte keine und wird niemals Macht über diese Liebe haben. Diese Liebe hat selbst die dunkelsten Schatten des Todes gesehen und wurde dennoch am höchsten erhoben, sodass sie für jeden sichtbar ist, der in Glaube und Hoffnung und Liebe aufsieht und ihrem Strahlen begegnet.

Darum glaube an dich in den dunkelsten Zeiten deines Seins und schaue auf im Namen der Drei, die alles möglich machen.

- **Hebe den Blick im Glauben an die Liebe!**
- **Hebe den Blick im Glauben an die Hoffnung!**
- **Hebe den Blick und glaube an das Strahlen, dass auch deine Nacht erhellt!**

Dieses Licht durchdringt jede Finsternis und heilt jeden, den es berührt.

Öffne dich und du wirst erhoben. Dies sind meine Worte, die nun Zeit und Raum durcheilen, um endlich Gehör zu finden und ich habe lange und geduldig gewartet, bis mein erwähltes Medium sie vernehmen konnte. Ich grüße euch. Und sehe mit Freude euren ersten Schritten auf dem Weg eines Mediums entgegen. Öffnet euch für diese Worte, denn sie tragen den Keim der Veränderung in sich und die Saat der Liebe. Möge sie in euren Herzen aufgehen und euch nach Hause bringen.

Effata!

Euer Weg

Euer Weg

Bittet, so wird euch gegeben! Suchet, so werdet ihr finden! Klopfet an, so wird euch aufgetan.

Matthäus 7.7

Ich grüße Euch, meine Freunde. Ihr habt diese Zeilen gefunden, weil Ihr am Anfang eines ur alten heiligen Weges steht. Es ist der Weg der Priesterschaft, der Läuterung, der Vergebung und des Lichts. Nicht zuletzt wird es ein Weg der Liebe sein, getragen von dem heiligen Band, das vor langer Zeit zwischen Euch und Gott gesponnen wurde und das unzerreißbar ist. Auch wenn Ihr dieses Band verleugnet und es von Euch weist, so ist es dennoch da und hält Euch in den dunkelsten Stunden Eures Seins. Es trägt Euch durch die Tiefen der Nacht und die Dunkelheit Eurer Seele. Es hält Euch selbst dann, wenn Ihr es gewaltsam zerreißt. Gott lässt niemanden fallen. Ihr seid seine Kinder und er achtet auf jedes. Ihr seid es, die nicht auf Euch achtet.

Niemand geht je verloren und keine Energie geht je verloren. Das ist ein heiliges Lebensgesetz, das vor langer Zeit in Eurer und unserer Welt etabliert wurde und das unumstößlich ist. Wisst, Ihr seid pure, reine Energie - ins Leben gehaucht durch den Atem Gottes und damit unsterblich. Ihr vibriert so wie ein reiner Ton vibriert. Auch wenn Ihr ihn lange nicht mehr hören könnt, so bleibt doch jedes Wort erhalten in der Ewigkeit beider Welten und hilft so, den Raum des Lebens zu weben, sowohl auf unserer Seite als auch in Eurer Welt. Darum ist es so wichtig in dieser Zeit, über die Macht des Wortes nachzudenken und achtsam auf das gesprochene Wort zu lauschen, denn es ist das Wort, das die Struktur webt, die Energie baut das Gebäude und die Emotion verankert es. Das Denken eines Wortes an sich verändert noch nicht das Gewebe der Zeit, aber es auszusprechen und in die Welt zu entlassen bedeutet, eine Schwingung und einen neuen Ton in die Welt zu entlassen. Und dieser Ton kann Eure Welt verbessern oder in einem neuen Licht erstrahlen lassen. Achtet auf die Töne. Euer Mund ist das Instrument und Ihr könnt hier wie einst Jerichos Mauern zum Einsturz bringen oder das Licht der Freude säen.

Deine Sehnsucht hat Dich zu diesen Zeilen geführt und wir freuen uns, Dich zu begrüßen und heimzuholen. Jeder, der den Weg zurück nach Hause beschreitet, ist willkommen und alles, was es dazu braucht, ist eine Berührung des Herzens. Es gibt viele Gründe, warum Ihr eine mediale Verbindung sucht. Vielleicht hat Euch jemand Liebes verlassen oder Eure Welt hat keine Antworten mehr für Euch. Vielleicht wurde Euer Herz auf eine Weise berührt, wie nie zuvor oder Ihr sucht den Trost und den Frieden, den Eure Welt nicht mehr bereithält. Egal, aus welchem Grund Euer Weg und Eure Suche nun begonnen haben, seid willkommen.

Seid gegrüßt mit dem uralten heiligen Segen des Erwachten. Wenn Ihr erwacht, ist es, als ob die schlafende Seele erwacht. Erst beginnt sie ganz sanft zu schwingen und diese Schwingung vernehmen wir in unserer Welt. Wir spüren die Bitte und diese Bitte bereitet den Weg, der sich nun zu Euren Füßen öffnet.Es ist nicht wirklich ein Weg, sondern mehr eine Brücke. Sie wird getragen von den Tönen unserer Herzen und dem Band der Liebe Gottes. Diese Brücke existiert seit Anbeginn der Zeit und jeder Priester kennt diese Brücke.

Jetzt ist die Zeit zu lernen, dass auch Ihr diese Brücke betreten dürft. Allen, die reinen Herzens sind und staunend und offen wie kleine Kinder, möge diese Brücke offen stehen. Denn beide Welten waren und sind immer eins. Die Trennung existierte nur in Eurer Vorstellung. Wir konnten diese Brücke immer überschreiten, aber es gab und gibt nur wenige in Eurer Welt, die dies können. Jetzt ist die Zeit gekommen, dies zu ändern, denn große Veränderungen kommen für jeden von Euch und Ihr müsst fest in beiden Welten stehen, um diesen Veränderungen ohne Furcht entgegen zu gehen.

Es ist keine Brücke der Eitelkeiten und keine Brücke des Ruhms, doch wenn sie gebaut wird aus der Liebe, der Toleranz und dem Mitgefühl, dann ist sie wahrhaft nicht auf Sand gebaut. Respekt, Achtung und Brüderlichkeit sind Werte der Wahrheit und sie entspringen aus der heiligen Quelle der Liebe, die uns von dem einen gegeben wurde und niemals kann einer dieser Tropfen vergebens auf die durstige Erde fallen.

Ihr, die Ihr nun am Anfang Eures Weges zurück nach Hause steht, seid wie diese durstige Erde. Ihr habt versucht, durch Schein von außen Euer Leben zu erleuchten und habt doch die Liebe nicht gefunden. Jetzt führt Euch der Weg nach innen. Die heilige Spirale von innen nach außen zu gehen bedeutet, jeden Schritt in eine lichtvollere Umgebung zu lenken, die nicht nur Euer Herz erhellt, sondern auch das Leben derer, die Euch zugeteilt wurden. Es ist nicht von Nöten, jeden auf diesen Weg mitzunehmen. Denn jeder beginnt den Weg, wenn er den Ton der Sehnsucht hört. Wie wollt Ihr jemanden nach Hause bringen, der denkt, dass er bereits zu Hause ist? Das ist nicht Eure Aufgabe.

Doch durch Euer Tun und Eure Veränderung könnt Ihr ein Licht sein für andere, und das ist der wahrhaftige Weg der Veränderung. Trachtet danach, Euer Licht zum Strahlen zu bringen. Wir sind da und waren immer da, doch jetzt kommt die Zeit, dass dies spürbar und erfahrbar wird. Unsere Welten wieder zu vereinen, das ist die Absicht des Einen. In seinen Augen waren wir nie getrennt und werden es nie sein, denn wir ruhen in seinem Herz und seine Hände haben uns immer gehalten. Wir sind seine Stimme und die Führer, Heiler und Beschützer Eures Lebens. Lasst uns voneinander lernen, denn wenn Eure Welt lichtvoller wird, wächst auch der Glanz in unserer Welt. Geht diesen neuen Weg nicht in Hast und Eile, denn es ist ein Weg der Sinne und des Erwachens und jeder Moment ist kostbar und wie ein Tautropfen, der Eure Seele erfrischt und Euch aufrichtet.

Fürs Erste seid gewiss und gewahr. Der Weg ist bereitet und gebt uns die gemeinsame Zeit des Zusammenkommens. Nennt es Meditation, wir nennen es das Sitzen in der Kraft des göttlichen Erwachens. Dies ist der Raum, den Ihr kreiert. Für heute ist es nun genug. Seid willkommen auf dem Weg der Wahrheit und der Segen des Einen möge mit Euch wandeln auf all Euren Wegen.

Stille

Stille

Du aber steh jetzt still, dass ich dir kundtue,
was Gott gesagt hat.

Samuel 9, 27

Seid gegrüßt. Ihr fragt Euch, warum Ihr die Stille finden sollt. In allen Kulturen der Welt wurden die Priester abgesondert, um in der Stille die Verbindung zur Welt Gottes zu spüren. Dies hatte seinen Grund. Eure Welt ist eine Welt der Geräusche und der Hast und Eile. Unsere Welt schwingt sanfter und ist eine Welt der Farben, der Symbole und es gibt unendlich viele Ebenen und unendlich viele Energien, die Ihr Wesenheiten nennen würdet und nicht jede Wesenheit ist menschlich gewesen und doch sind alle Ebenen nur Aspekte des Einen und es gibt keine Trennung zwischen ihnen. Es gibt nur fließende energetische Übergänge, die neue Farben und neue Töne und neue Lichtfrequenzen beinhalten.

Wie wollt Ihr diese Energien hören, sehen und fühlen im Lärm Eurer Zeit? Daher ist die Stille von Nöten, denn diese gibt den Raum unserer Zusammenkunft. Es ist wichtig, dass Ihr lernt, diesen Raum zu kreieren mit Euren Gefühlen und Gedanken, denn die Offenheit und Bereitschaft Eurer Herzen hängt davon ab. Die Menschen, die Ihr Medien nennt, wollen schnell in unseren Raum vorstoßen und sich an diesen Erfahrungen bereichern. Doch wie viel köstlicher ist es, jeden Moment des Erwachens auszukosten und auf die alte Art des Austauschs zu bauen. Lehrer und Schüler - zusammen in einem heiligen Raum des Schweigens, kreiert durch die Liebe und Achtsamkeit beider Welten. Es liegt an Euch, wie oft wir uns in diesem Raum begegnen, denn es ist ein Raum des Geistes und des Herzens. Wir werden dort voneinander lernen. Es ist ein Raum der Kommunion, der Verschmelzung und alles was es braucht, ist Stille. Ihr erschafft diesen Raum, indem ihr Euch auf Euer Innerstes zurückzieht. Schließt die Augen des Sehenden und werdet zum Blinden, denn Blinde werden wieder sehen und Lahme wieder gehen können. Das ist die uralte Verheißung, die hier ihren Anfang nimmt.

Öffnet Euer Herz und geht in einen Moment der köstlichen Erinnerung an einen liebevollen Moment Eures Lebens und fühlt Euch in diese Schwingung hinein und so füllt sich der Raum mit liebevoller Energie und freudvoller Erwartung. Richtet dann Eure Gefühle auf uns aus und ladet uns ein und wir werden da sein. Erwartet nichts und doch alles. Die ersten Momente sollten Momente des Fühlens sein, um das Wiedererkennen und die Freude zu spüren, die in unserer Welt herrscht, wenn jemand wirklich bereit ist, diesen Weg zu gehen. Seid offen, denn es ist ein Weg des Gedankenaustauschs. Nicht immer kann jede Frage sofort beantwortet werden, doch es gibt wie in Eurer Welt Wissenschaftler, Ärzte und Heiler, die wir fragen können, darum brauchen manche Fragen eine Weile. Doch Ihr werdet die Antwort bekommen. Es werden Wochen und Monate vergehen, doch nicht eine Sekunde dieser Zeit ist verschwendet, denn jedes einzelne Treffen stärkt unsere Verbindung. Wenn Ihr sehen könntet, wie groß die Freude in unserer Welt ist über einen solchen Schüler und Ihr sehen könntet, wie viele Lehrer hier für ihn bereitstehen. Ihr würdet keine Sekunde mehr zweifeln.

Der Weg eines Mediums ist ein langsames Erwachen und Erblühen und Bewusstwerden. Die geistigen Kräfte werden von Mal zu Mal wachsen und sich entfalten, wie eine Blume, die nach der Ruhezeit des Winters, vom Licht und der Sonne erwärmt, den kargen Boden durchstößt. Ihr kreiert den Raum und die Qualität unserer Zusammenkunft. Denkt daran. Jedes Mal wenn Ihr den Raum der Kraft betretet, wandelt Ihr auf heiligem Boden. Und damit kreiert Ihr einen neuen Ton in der Schöpfung Gottes, also achtet den Raum und nehmt Euch die Zeit. Wir sind da, wenn Ihr uns ruft. Die Stille und der Segen, der aus der Stille erwächst, seien für heute mit Euch, denn dies ist das Fundament unserer Beziehung, die weit über den Tod hinaus reicht. Gott sei mit Euch und die Freude des Seins auf all Euren Wegen.

Trauer und die
Mauer des Todes

Trauer und die Mauer des Todes

Mein Auge ist dunkel geworden vor Trauern,
und alle meine Glieder sind wie ein Schatten.

Hiob 17, 7

Seid gegrüßt, Schüler. Viele von Euch haben den Weg gewählt, um Balsam für Ihre zerschundenen Herzen zu finden. Wir sehen Eure Trauer und Euren Kummer über Euren Verlust und doch ist es nur ein materieller Verlust. Nichts von Euren Gefühlen geht jemals verloren, weder auf Eurer noch auf unserer Seite des Lebens und auch wir sind lebendig, denn wir sind Geist, der nicht durch die Schwere von Materie beeinträchtigt ist und wir sind lebendig und frei von allen Zwängen. Dadurch, dass einige von uns das Tor passiert haben, dass Ihr Sterben nennt, sind wir nach Hause zurückgekehrt und wir sind immer noch das, was wir waren. Reines Bewusstsein mit allen Emotionen, Gefühlen, Erinnerungen und Gefühlen und niemals vergessen wir die Menschen, die wir geliebt haben, denn sie sind und werden immer ein Teil unseres Seelenweges sein, den wir gemeinsam gegangen sind auf Eurer Seite des Lebens und den wir dereinst auch auf unserer Seite des Lebens fortsetzen werden.

Unsere Schwingung ist eine Frequenz der Freude und der Liebe und das macht es so schwer, Euch zu trösten. Trauer, Kummer und Verzweiflung kreieren eine Schwingung, die langsam und schwer ist und die wir nicht durchdringen können. Wir brauchen für die Zusammenkunft mit Euch offene Herzen und freudige Erwartung. Dies kreiert den Raum der Liebe. Verzweiflung und Kummer baut eine Mauer zwischen den Welten.

Natürlich habt Ihr den Kummer, weil Ihr den geliebten Menschen nicht mehr berühren könnt, doch der Körper ist alles, was sich aufgelöst hat. Materie ist und war immer eine Illusion der Gedanken und jede erschaffene Materie trägt am Tag ihrer Geburt den Keim und den Beginn des Verfalls in sich selbst.

Materie ist endlich. Geist und Bewusstsein dagegen sind unendlich und daher ist es so wichtig, bereits zu Lebzeiten sich auf den geistigen Pfad der Bewusstwerdung zu begeben und das ewige Licht in sich selbst zu suchen. Ja, Ihr seid ewig und daher ist die Suche nach dem ewigen Leben sinnlos, denn Ihr tragt es bereits in Euch.

Auch Eure Suche nach der ewigen Jugend ist eine zum Scheitern verurteilte Suche, denn sie entsteht aus dem Keim der Angst vor dem Tod, dabei ist der Tod die Freiwerdung und das Zerreißen der irdischen Fesseln. Die Suche nach der Jugend ist die Flucht vor dem Tod und sie entsteht aus einem mangelnden Glauben an unsere Welt, die sprüht und schimmert vor Lebendigkeit, doch anders, als Ihr denkt. Durch die Geschichte der Zeit und menschliche Aktionen sind unsere Welten

auseinandergedriftet, doch wir haben immer daran ge-
arbeitet, die Erinnerung an uns in Euch lebendig zu erhalten, damit eines Tages wieder eine Brücke entsteht,
um gemeinsam mit Euch beide Welten wieder in die
Einheit, in die Liebe und in die Hoffnung des Glaubens
zu führen.

Der mediale Weg ist der Weg eines Adepten oder
Priesters und es ist ein Weg der Energie und Wahrnehmung. Trauer steht diesem Weg entgegen und verhin-
dert das Voranschreiten. Wir verstehen Eure Trauer,
doch sie betrübt uns. Wie viel schöner könnte es sein,
in der Freude des Wiedersehens oder besser des Wie-
derfühlens zu schwelgen, anstelle in der Betrübnis und
in der Schwere des Kummers zu verweilen. Darum seid
gewiss. Wir sind bei Euch und gerade in Euren dunkelsten Stunden sind wir um Euch. Das Band der Liebe erlischt niemals, denn es ist unzerreißbar, da es im
Herzen und in der Gnade Gottes geschmiedet wurde.

Wenn Ihr in Eurer Verzweiflung nur einen kleinen
Sonnenstrahl der Freude zulassen würdet, dann könntet Ihr uns spüren. Wir tragen Euch, so wie wir Euch
immer getragen haben. Eure Erinnerung hält uns lebendig und unsere Liebe füllt Eure Herzen mit Hoffnung, ohne die Ihr niemals weiterleben könntet.

Menschen ohne Hoffnung auf Eurer Erde sind die
wahrhaft Toten. Menschen ohne Hoffnung sind Menschen, die ohne Glauben existieren. Dies ist kein Leben,
dies ist nur eine Existenz. Wahrt den Glauben, denn der

Abfall vom Glauben bedeutet den Sturz in den wahren Tod. Die wahrhaft Toten sind die Menschen, die von Gott und ihrem Glauben abgefallen sind und genau dies will Euch auch die Schrift sagen, die Ihr Bibel nennet und die für Euch heilig ist. Eure heiligen Schriften sind an dieser Stelle nicht vollständig und daher möchten wir Euch an dieser Stelle den wahren Inhalt darstellen. Es steht geschrieben: „Sprecht nicht mit den Toten ...", doch hier ist nicht das Gespräch mit uns gemeint, sondern das Gespräch mit denen, die vom Glauben abgefallen sind und die bereits zu Lebzeiten im Dunkeln gewandert sind. Sie wandeln im Dunkeln ihres eigenen Geistes und können ihr eigenes Licht nicht mehr erreichen und auch meine Welt, die so lebendig ist, kann diese Menschen nicht erreichen. Doch wisset. Ein Mensch, der seinem Leben freiwillig ein Ende bereitet, tut dies aus dem Glauben an eine bessere Welt hinaus. Auch wenn dieser Mensch im Dunkeln gewandert ist, so glaubt er dennoch an unser Licht und seine Sehnsucht nach Hause zu kehren ist zu groß.

Wir heißen diesen Schritt nicht gut, denn es galt eine Aufgabe zu erfüllen und doch nehmen ihn liebevolle Arme in Empfang bei seiner Heimkehr und es folgt eine Zeit der Heilung und der Bewusstwerdung. Niemand kann seiner Aufgabe und seinem Seelenweg entgehen, daher hat diese Tat die Aufgabe nur aufgeschoben und dies wird ihm bei seiner Heimkehr in aller Klarheit bewusst werden. Diese Erkenntnis ist Teil seiner Läuterung und Teil seines Prozesses der Bewusstwerdung.

Doch das bedeutet nicht, dass er jenseits der Liebe Gottes ist. Niemand ist je außerhalb dieser Liebe, es sei denn, er wählt diesen Weg. Zu wählen, das ist Teil Eurer menschlichen Aufgabe und diese ist dem freien Willen eines jeden einzelnen Wesens unterworfen.

Priesterschaft

Priesterschaft

*Ihr aber seid ein auserwähltes Geschlecht,
ein königliches Priestertum, eine heilige
Nation, ein Volk zum Besitztum, damit ihr die
Tugenden dessen verkündigt, der euch
berufen hat aus der Finsternis zu seinem
wunderbaren Licht.*

1.Petrus 2,9

Seid gegrüßt. Unsere Aufgabe ist es jeden, der sucht, auf dem Weg des Wissens zu unterstützen und zu lehren. In Eurer Welt existiert der mediale Weg seit fast zweihundert Jahren, doch in Wahrheit ist es ein uralter Weg. Ein Weg, den die Adepten und die Priester vergangener Jahrtausende gegangen sind. Dieser Weg ist früher als magischer Weg bezeichnet worden. Heute geht Ihr nur noch einen kleinen Teil des Weges. Die Welten und die Zeiten haben sich gewandelt und der alte Weg ist für den Suchenden noch sichtbar, auch wenn er nur noch ein schmaler Pfad ist, so ist er dennoch begehbar.

Der neue Weg ist direkter und ein Weg des Geistes, doch raten wir Euch an, den alten Weg nicht zu vernachlässigen, denn er baut die Kraft des Od auf, eine alte Kraft, die ihr Prana oder Chi nennt. Die Menschen haben einen langen Wandlungsprozess hinter sich und daher stehen sie im Moment zwischen zwei Wegen. Der alte Weg ist noch immer gültig und der neue Weg noch nicht festen Schrittes begehbar.In alter Zeit reichte die Kraft des Geistes in Eurer Welt nicht aus, mit unserer Welt zu sprechen und daher bedurfte es in einem weitaus höheren Maße der Prana bzw. Od-Kraft in vergangenen Tagen, als in den heutigen Tagen. Für Euch ist Od einfach Energie und Ihr nennt es auch Prana oder Chi, doch in Wirklichkeit ist es mehr. Od ist das Leben, das Leben, das Euch der Göttliche verleiht und es ist die Kraft des Göttlichen, die Euch durchströmt, mit jedem Atemzug, der in Eure Lungen strömt. Mit dem ersten Atemzug, den Euch Gott am Tag Eurer Geburt eingehaucht hat, ist Leben und Unsterblichkeit in Euch entstanden. Der Atem hat Euren Körper belebt, Eure Lungen entfaltet und damit begann die Arbeit Eures irdischen Körpers.

Doch Od ist mehr und viele kennen die alte Bedeutung nicht mehr. Od ist Eure Anbindung an das Göttliche über die Sinne. Ihr nennt es abwertend übersinnlich, doch in Wahrheit bedeutet es, dass Ihr über die Sinne das Göttliche erreichen könnt und diese sind das Reden, das Atmen, das Sehen, das Hören, das Denken und das Fühlen. Dies sind auch die unsterblichen Eigenschaften eines Menschen.

Hiermit ist nicht das körperliche Hören, Sehen und Fühlen gemeint, sondern das innere Hören, denn Gott ist niemals außerhalb von uns. Ihr seht durch die heiligen Geschichten, dass Gott im Himmel ist oder Ihr denkt, er ist oben. Mit diesen Worten meint Eure Heilige Schrift, dass Gott über allem steht, doch es ist nicht der Sitz seiner Präsenz, denn Gott ist allumfassend und allgegenwärtig und in jedem kleinsten Molekül und in jeder Zelle enthalten, die er durchströmt. Daher ist Gott in Euch und niemals außerhalb von Euch. Ihr seid somit untrennbar von Gott und Euer Leben ist untrennbar von Gott. Selbst wenn Ihr Gott leugnet, so wäre es ihm ein Leichtes, sich zurückzuziehen und Euch vom Leben zu trennen, doch Ihr seid seine Kinder und Gott ist Vater und Mutter zugleich. Wie kann er Euch da fallen lassen?

Seid gewiss, dass seine Kraft größer als jedes menschliche Vorstellungsvermögen ist und doch ist seine Liebe sanft und nährend. Der Beginn eines jeden Weges ist ein Weg zurück zu Gott. Es liegt an Euch, wie weit Ihr diesen Weg beschreitet. Um die alten inneren (übersinnlichen) Kanäle zu öffnen, ist es noch immer notwendig, diese Kraft erwachen zu lassen. Das Erwachen findet in der Stille statt. Es ist Eure Bereitschaft und Eure Demut, das Leuchten Eures inneren Lichtes, welches uns den Grad Eurer Priesterschaft anzeigt. Geht in die Stille und beobachtet Euren Atem. Wisset, dass dieser Atem von Gott kommt und dereinst wieder genommen wird. Wenn Gott den letzten Atemzug sendet, stirbt die menschliche Hülle. Sie ist und war immer nur eine Umhüllung des göttlichen Lichtes. Der Körper ist die Schatulle, in der der Segen Gottes wohnt.

Doch das Od, die ganze göttliche Energie, die in Euch geflossen ist, stirbt nie, denn sie ist unsterblich und damit ewig in der Unendlichkeit. Aus der Asche der Hülle steigt dann das Od empor, gesättigt und bereichert durch die Erfahrungen des irdischen Lebens. Das Od ist der Speicher Eurer Erfahrungen, die Erinnerung Eures Lebens. Das Od trägt die Bilder und Gefühle Eures Seins. Jedes Sein, das Ihr auf Eurem Seelenweg verkörpert, ist in seiner Essenz gespeichert und dieses Wissen ist verfügbar für den, der sich des Ods bewusst ist und über die göttlichen Sinne abrufbar und erfahrbar. Das ist das, was Ihr mediale Arbeit nennt. Das Od zu lesen, zu sehen, zu hören und zu fühlen in seiner reinsten Essenz.

Mit dem Od sind alle geschaffenen Energien und Wesenheiten der himmlischen, göttlichen Ebenen verbunden. Sie sind Boten und Gesandte Gottes, unterstützend in seinem Tun, das Weltgefüge aufrechtzuerhalten und die Menschen zurück nach Hause zu bringen. Daher hat ein jeder von Euch persönliche Ratgeber zugeteilt bekommen, die Euch sanft lenken und Situationen kreieren, damit Ihr aufwacht und lernt, Euch zurück auf den göttlichen Weg zu begeben. Denn ein jeder ist ein Rad in Gottes Plan und ein jedes Rad hat seine Aufgabe. Nichts ist umsonst und nichts ist ohne Sinn. Das Erwachen einer menschlichen Seele ist das Bewusstwerden des eigenen sinnvollen Tuns auf dieser Erde.

Erst dann beginnt die Besinnung auf das Innere.

Wenn die äußere Welt schal und leer geworden ist und die Erkenntnis da ist, dass nichts im Außen die innere Leere füllen kann, dann beginnt der Weg ins Innere.

Meditation

Meditation

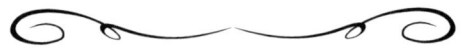

*Das alles ist Meditation: Ihr Haus in vollkom-
mene Ordnung zu bringen, sodass es keinen
Konflikt, kein Messen gibt, und dann ist in diesem
Haus Liebe, dann kann der Inhalt des Geistes, der
sein Bewusstsein ist, vollkommen von dem „Ich",
vom „Ego", vom „Du" entleert werden.*

Krishnamurti

Sei gegrüßt, Schüler aus den Gefilden des Lichts.
Du lebst in einer lauten Welt und um die inneren
Stimmen, Bilder und Geräusche zu hören und
die feinen Schwingungen und Vibrationen unserer Gegenwart wahrzunehmen und zu fühlen, bedarf es des
Rückzuges in die inneren Welten. Es gibt viele Wege in
Deiner Welt, um den Zustand der Meditation anzustre-
ben, doch auch dies sind äußerlich erschaffene Wege,
die durch menschliche Erfahrung entstanden sind. Kei-
ner dieser Wege ist der falsche und doch sind es nur
Wege, die ohne unsere Gegenwart beschritten werden.

„Ich bin bei Euch alle Tage."

Dies ist ein Satz, den auch wir sagen könnten. Wir
sind daran interessiert, dass Ihr Euch entwickelt, denn
je größer und umfassender Eure Entwicklung ist, desto mehr können wir als Lehrer Euch helfen, in weitere

Bereiche des Seins vorzustoßen, doch dafür muss der Lehrer den Schüler kennen. Wir können von uns behaupten, dass wir Euch kennen, denn wir sind bei Euch alle Tage, doch kennt ihr uns? Im Moment habt Ihr eine Ahnung, wer wir sind und was wir für Euch tun können, doch die Wirklichkeit übertrifft jede Eurer Erwartungen. Wir sind nicht einer, sondern eine unendliche Zahl von Helfern, Beschützern, Heilern und Lehrern und wir sind miteinander verbunden durch das heilige Band der Liebe. Beide Welten bedingen einander. Entwickelt sich Eure Welt, dann schreitet auch unsere Welt fort.

Doch zurück zu der Lehre über das, was Ihr Meditation nennt. Wir nennen es das Sitzen in der Präsenz des Göttlichen. Wir nennen es das körperliche Sitzen im Gebet. Ein Gebet ist eine Bitte an die geistige Welt und auch das steht bereits geschrieben.

„Bittet, so wird Euch gegeben. Klopfet an, so wird Euch aufgetan", das ist der Weg des Lehrens zwischen Lehrer und Schüler seit Anbeginn aller Zeiten. Auf jeder Ebene des himmlischen Plans gilt der freie Wille, daher können wir ohne Eure Erlaubnis nicht anfangen. Ist der Schüler bereit, findet sich der Lehrer. Alles, was es dann braucht, ist ein Raum der Begegnung, und dieser Raum entsteht in der Stille der Gedanken. Nur wo Gedankenstille herrscht, können wir Impulse geben und lenkend und lehrend eingreifen und Euch helfen, Eure Fähigkeiten zu entwickeln. Dies ist der Weg:

Setzt Euch hin und beobachtet die Energie Gottes, die in Euch hinein- und hinausfließt. Forciert nichts. Beobachtet einfach den Atem, das Od, das in Euch fließt und spürt in Euch hinein, wie sich eure Energie verändert und transformiert. Schließt die Augen und geht in die Stille. Gedanken können kommen und gehen. Lernt, sie wahrzunehmen, aber nicht zu denken und lernt, sie als eigene Gedanken zu erkennen.

Bittet dann: „Hier bin ich, lehrt mich und verändert mich, damit ich den Menschen dienen kann und als himmlisches Werkzeug zur Verbreitung des Glaubens und der Liebe dienen kann. Helft mir ein Sprachrohr des Himmels zu werden."

Es braucht nicht mehr. Vernehmen wir diese Bitte, dann erkennen wir an, dass der Mensch eine Entscheidung getroffen hat und wir beginnen, ihn sanft zu verändern. Wir richten seine Aufmerksamkeit auf die Entwicklung seiner Persönlichkeit und wir helfen ihm, indem wir unsere Präsenz zeigen und mit ihm teilen. Dieses Sitzen in unserer Präsenz ist immer auch Heilung, denn es bedarf eines heilen Menschen, um die Botschaften unserer Ebene in ihrer reinen Essenz zu übermitteln. Die Botschaft geht durch den Filter „Mensch" und als solches ist sie nicht mehr rein. Denn der Mensch hat ein Ego und will gefallen. Das liegt in seiner Natur.

Daher bedarf es auch der persönlichen Veränderung eines Menschen und des Weges zurück in den Glauben und in die Liebe. Dies ist ein lebenslanger Prozess, und wenn Du auch auf Deiner Seite ein einzelnes Wesen bist, so stehen auf unserer Seite Hunderte bereit, um die Energie für diesen Prozess aufzubringen. Für uns ist es ein Akt der Liebe und Hoffnung, denn jedes Licht, das in einem Menschen entfacht wird, kann tausend andere erleuchten und entzünden. So wird sich mit jedem Wachstum auf Eurem Weg das Licht des Erwachens und der Erkenntnis ausbreiten.

Jeder Mensch kann zu diesem Werke beitragen durch Liebe, Geduld und Verständnis zu seinen Mitmenschen. Es bedarf nicht eines ausgebildeten Mediums, um unser Sprachrohr zu sein. Jede Tat, jedes Gespräch, jede Geste, die aus der Liebe geboren wurde, ist eine Tat der Liebe und bereichert den Raum, den der Mensch einst einnehmen wird, wenn er zurück nach Hause kehrt. Denn Euer Leben kreiert den Raum Eures Lebens in unserer Welt, daher ist es wichtig, ein gutes Leben zu führen.

Die Meditation ist der Ort der Begegnung für Dich selbst. In diesem Raum erwacht Eure Kraft, die bisher noch in Euch schlummert. Erst durch Meditation erlangt Ihr die volle Blüte Eures Seins. So wie Euer Körper sich in der Nacht regeneriert, so regeneriert sich Eurer Geist in der Stille der Meditation.

Sucht unsere Begegnung. Im Raum der Stille treffen sich die Welten, denn es ist ein zeitloser Raum, der in unserer Welt aufgebaut wird. Viele fleißige Helfer in unsere Wirklichkeit arbeiten an einem solchen Raum und je öfter dieser betreten wird, desto höher erwacht die Kraft auf beiden Seiten.

Die Welten waren nie getrennt und in der Meditation können sie vereint werden und Ihr kommt nach Hause und wir sind wieder zusammen. Geist und Körper, Liebe und Allmacht treffen sich dort, um einen Moment die Beschränkungen Eurer Welt aufzuheben. Nur in der Meditation können wir die Beschränkungen der Zeit überwinden, die in Eurer Welt immer einen Raum erfordert. Unser Raum ist zeitlos, da unsere Dimension ewig ist und mit dem Betreten des Raumes der Stille in unserer Welt betrete Ihr einen Teil des heiligen Bodens der Ewigkeit und das hat Auswirkungen auf Euren Geist, Euren Körper und Eure Seele.

Ihr nennt es Verjüngung, wir würden es das Strahlen Eures Lichtkörpers nennen, das sich dann ungehindert Bahn brechen kann. Denkt daran, ein erleuchteter Geist erhellt beide Welten. Kommt einfach in diesen Raum und bittet uns, Euch zu helfen und wir werden alles daran setzen, Euch zu formen und Euch zu Eurem wahren Potenzial zu verhelfen. Es mag in Eurer Wahrnehmung nichts passieren und doch werdet Ihr merken, wie Ihr voranschreitet in Eurer seelischen, geistigen und menschlichen Entwicklung. Unsere Aufgabe ist es, die Saat der Wahrheit in Euer Herz zu pflanzen, denn nur der Boden der Wahrheit kann die Pracht der Liebe und die Herrlichkeit Gottes tragen.

Der Boden, der aus Illusion und Täuschung bereitet wurde, trägt nur Bauten, die wieder einstürzen und deren illusorische Schönheit verblasst.

Medial arbeitende Menschen in Eurer Welt tragen unser Licht nach außen und sie sollen wahrhaftig sein, damit sie die Zeit überdauern und ein Denkmal werden und eine Fackel für die, die noch im Dunkeln sind. Diese Menschen brauchen Kraft und wir geben ihnen diese Kraft in der Stille der Begegnung. Das ist Meditation. Kommt in unsere Mitte und feiert mit uns das Gloria des ewigen Lebens und das Halleluja der Freude in den Herzen über die Unvergänglichkeit des Lebens.

Meditation in Eurer Welt bedeutet, dass Ihr wünscht, in Eure Mitte zu kommen. Wir aber sagen Euch, Mediation bedeutet, in unsere Mitte zu kommen, die Welt Gottes zu betreten und einen Teil der Herrlichkeit mitzunehmen, im Herzen verborgen und doch leuchtender als eine Fackel in der Finsternis. Wenn Ihr in unserer Mitte seid, dann seid Ihr willkommen, geliebt und es gibt keine Trennung mehr. Das ist es, was Eure Mystiker und Philosophen meinen, aber nicht wirklich verstehen.

Wir sind der fehlende Teil in Euch und gemeinsam können wir uns wieder zu wahren Höhen aufschwingen. Seid willkommen, jederzeit und an jedem Ort. Wir sind nur einen Gedanken weit entfernt und warten geduldig in der Stille.

Die Welt der
Helfer und Geistführer

Die Welt der Helfer und Geistführer

Wir begrüßen Euch in unserer Mitte. Denn dort war immer Euer Platz. Wir haben Euch nie aus unserem Herzen verloren und doch hat es viele Leben bedurft, damit Ihr uns wiederfindet.

Wir sind so viele wie Ihr und wir sind genauso individuell wie Ihr auf der Erde. Wir sind Eure spirituelle Familie. Wir wurden einander vom Beginn der Schöpfung zugeteilt und über uns allen steht die Heilige Familie, die trotz aller Wirren in Eurer Welt nie vergessen wurde. Unser Vorbild ist die Heilige Familie und die Liebe des Mannes, den Ihr Jesus nennt und das Bewusstsein, das uns vereint. Seine Liebe ist das Zeichen der Hoffnung, dass einst beide Welten wieder vereint werden. Denn er war Mensch wie Ihr und wir und ist doch auferstanden und hat uns alle befreit. Der Tod ist die Dunkelheit in Euren Herzen und diese wurde überwunden und jetzt ist die Zeit gekommen, in der alle nach Hause zurückkehren in ihre geliebten spirituellen Familien. Eure irdischen Familien waren dafür da, Euch den Weg dahin zu bereiten. Ohne die Lernerfahrung in Euren Familien hättet Ihr nie den Weg zurückgefunden. Wir haben diesen Prozess sanft überwacht und gelenkt und immer und immer wieder haben wir versucht, Euch zu zeigen, dass wir bei Euch sind.

Wir sind die Stimme des Zweifels, die Stimme der Freude und die Stimme der Liebe in Eurem Geist. Ihr nennt es den inneren Heiler, die Stimme der Intuition, das innere Kind, die innere Wahrheit oder Inspiration, aber was bedeutet es denn, inspiriert zu sein. Ihr benutzt das Wort und spürt doch nicht unsere Präsenz. „In Spirit" zu sein, bedeutet „im Geiste" zu sein. Ihr seid also durch einen Geist inspiriert und damit sind wir gemeint. Euer Geist ist die Brücke, derer wir uns bedienen, um zu kommunizieren. Doch Ihr habt immer noch den freien Willen, unsere Stimme zu hören oder zu überhören. Die Entscheidung liegt bei Euch. Unsere Liebe möchte Euch zu einem inspirierten Leben verhelfen voller Liebe und Glückseligkeit, doch Ihr allein entscheidet.

Je mehr Ihr auf Eure inneren Stimmen hört, desto mehr kann sich Euer Leben zum Guten wenden. Es hat lange gedauert, bis die Menschheit diesen Prozess versteht und doch sind es nur verschwindend wenige von Euch, die gerade erwachen und sich dessen bewusst sind, dass nichts wirklich geteilt ist und wir untrennbar mit Euch verbunden sind. Noch trennt Euch das Ego von uns, denn Ihr glaubt, dass Eure Individualität Euch auszeichnet und Euch erhebt über die anderen. Doch wer erkennt, dass alle aus der Ursubstanz Gottes bestehen und nur unterschiedliche Manifestationen seiner Schöpfung sind, der ist wahrhaft erleuchtet. So wie die Träne, das Meer, die Wolken und der Fluss, der Bach und das Rinnsal, der Schnee und das Eis, der Gletscher und der See nur unterschiedliche Ausdrucksformen ein und desselben Elements Wasser sind, so sind

auch Menschen nur unterschiedliche geistige Ausfor-
mungen der Präsenz Gottes, um seine Vielfältigkeit
und Schönheit der Schöpfung auszudrücken. Das alte
Wort „Kreatur" kommt dem am Nächsten. Sein Geist
hat unterschiedliche Formen eines und desselben Aus-
drucks geschaffen, doch alle sind vom gleichen Odem
beflügelt und vom gleichen Geist erfüllt und aus der
gleichen Substanz und Kraft geschaffen.

Die Welt der Engel

Die Welt der Engel

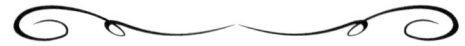

Sei gegrüßt, Suchender, und willkommen in der Welt der Reinheit. Wie können wir Euch beschreiben, was jene sind, die Ihr Engel nennt? Ihr seht sie als Wesen mit gefiederten Schwingen, doch diese wurden ihnen von den Künstlern und Malern Eurer Welt geschenkt, um dem Menschen bildlich zu zeigen, dass die Füße eines Engels niemals den irdischen Boden betreten haben. Flügel sind ein Symbol für Schweben und drücken damit den Grad ihrer Vibration aus. Sie sind so stofflich wie der Wind und so hell wie die Sonne, unter deren Strahlen sie die Flügel ausbreiten. Sie bestehen aus reinem Od und sind Emanationen Gottes. Sie sind die Verlängerung seiner gütigen Hand im sich ständig erneuernden grenzenlosen Kosmos seiner Gedanken. Sie sind Boten seines Willens und seiner Gedanken und halten seine Schöpfung aufrecht durch die Vibration ihrer Präsenz.

Durch sie entsteht erst das schöpferische Potenzial. Sie sind die Inspiration der Maler und Musiker, der Künstler und Bildhauer, denn sie sind reine schöpferische Präsenz und sie drücken sich so durch den Menschen aus, der diese Vibration empfangen kann und so ist auch die Kunst die bildhafte Präsenz der Schönheit unserer Welt. Bei diesen Menschen besteht die spirituelle Familie aus einer erhöhten Anzahl von schöpferisch tätigen Seelen und Helfern und so kommt die Inspiration zustande. Ein Lichtgedanke aus unserer Welt entzündet die Fackel des Genius des Künstlers und kann so hörbar und sichtbar werden in Eurer Wirklichkeit. So arbeiten die Welten zusammen und Engel sind ein Teil der Präsenz. Ihre Kraft ist unerschöpflich, denn ihre Quelle ist die leuchtende Kraft Gottes und daher sind sie auch Lichtbringer und sie als Einzige haben die Kraft, die dunkelsten Momente eines Menschen zu durchdringen, um ihn zur Rückkehr und Umkehr zu bewegen. Denn dieses Licht trägt die Macht der Verwandlung in sich und stammt aus dem heiligsten Quell, des „Ich bin das ich bin".

Engel sind jenseits Eures Vorstellungsvermögens und doch unendlich in ihrer Gnade und ihrem Mitgefühl. Sie sind Boten Gottes und Wächter der Tugenden. Gerechtigkeit, Barmherzigkeit, Sanftheit, Reinheit des Herzens und Friedfertigkeit sind Ausdruck ihres Seins. Erschaffen aus der Gnade Gottes sind sie Träger des göttlichen Lichtes und Boten seiner Wahrheit. Gott alleine steht für die höchsten aller Tugenden, als da sind: Glaube, Hoffnung und Liebe. Einem Engel zu begegnen bedeutet, direkt im Lichtkegel Gottes zu stehen, denn Engel sind das verlängerte Licht seines Herzens.

Die Reinheit eines Engels ist körperlich spürbar für einen medialen Menschen. Seine Schwingung ist so hoch, dass die Fülle der Energie zu groß ist für ein irdisches Wesen und daher nur wenige Augenblicke sicht- und fühlbar bleiben. Engel sind Verkünder und Erhalter, Mitschöpfer und Strahlen der unendlichen Liebe des Höchsten. Sie sind das Licht des Universums und durch sie leuchtet das ewige Licht der Gnade Gottes und wird für uns so sichtbar und erfahrbar.

Engel sind reine Poesie und diejenigen, die die Musen küssen, um die Schöpfer der Kunst zu inspirieren. Engel sind Emanationen Gottes. Ihre Quelle ist sein Licht und ihr Auftrag sind seine Gedanken. Sie halten das Weltengefüge aufrecht und sind die Kraft hinter den Substanzen, aus denen die Welt erbaut wurde. Feuer ist ihre Energie und sie sind Schwingung zwischen Erde und Luft und reine Emotion. Ihre Liebe ist die schöpferische Kraft. Sie sind nicht erschaffend, sondern erschaffen als verlängerte Gedanken Gottes und bringen seine schöpferische Kraft in die Materie des Universums.

Ihre Zahl ist unendlich und sie sind sowohl Boten der Ewigkeit als auch Boten der Unendlichkeit. Sie sind zeitlose Geschöpfe in einem zeitlosen Universum. Ihre Schwingung ist reine Freude und der Ton ihrer Vibration durchdringt das Universum und sendet Reinheit und bedingungslose Liebe in alles, was ist. Nichts ist denkbar ohne ihre Kraft, sowie sie nicht denkbar sind ohne die Kraft des Schöpfers.

Ihre Reinheit strahlt pure Freude aus und ihre Liebe umfasst jedes Geschöpf und jedes Wesen auf diesem Planeten und allen Planeten des sich ausdehnenden Universums. Ihre Kraft ist aufbauend und handelt niemals zerstörend und zersetzend. Sie sind Wesen, durch die Gottes Strahlkraft leuchtet und sich offenbart. Sie sind die Taktgeber der ewigen Rhythmen des Lebens.

Um ihnen zu begegnen, bedarf es der Reinheit des Herzens eines ungeborenen Kindes, der bedingungslosen Liebe, der Toleranz und der Achtung und des Respekts vor jeglicher Schöpfungsform. Durch ein solches Leben erhöht sich der Mensch und steigt bereits zu Lebzeiten in die Lichtwelten empor und der Ton der Engel durchdringt sein Herz, macht ihn atemlos vor Staunen und demütig vor der Größe des Einen. Engel sind die Musik des Himmels.

Leben

Leben

Leben und Wohltat hast du an mir getan, und
dein Aufsehen bewahrt meinen Odem.

Hiob 10,12

So wie alle Gestirne um das Licht kreisen, so ist jede Lebensform eine unterschiedliche Verdichtung von Atomen und Molekülen, angeordnet in einer einzigartigen Verdichtung, geschaffen nach der Blaupause des Höchsten. Jede Wesenheit und jede natürliche Erscheinungsform drückt einen Aspekt Gottes, des Allmächtigen aus.

Erst mit dem Odem Gottes beseelt, entsteht Leben und sein Geist durchdringt die Materie. Auf diese Weise entstanden die Welten, das Reich der Steine, des Wassers, der Tiere, der Pflanzen und der Menschen. Alles, was seinem Gedanken und Wollen entspringt, trägt bereits die Ewigkeit in sich. Auch wenn das Leben dem ewigen Wechsel von Werden und Vergehen unterworfen ist, so siegt dennoch das Leben und alle Lebensformen erschaffen sich neu aus sich selbst heraus. So ist alles Leben miteinander verbunden, und wenn auch der Mensch über die Steine schreitet, so tragen sie dennoch in ihrer Demut seine Last. Denkt an die Blumen der Schöpfung. Ihr schneidet sie ab zu Eurer Ergötzung und verkennt doch, dass es eine Ursehnsucht des Menschen nach dem Schönen, der lichterfüllten Präsenz

Gottes ist, die Ihr in Euer Haus holt, um so dem Göttlichen näher zu sein. Alle Materie, die aus dem menschlichen Wollen erschaffen wird, trägt bereits den Keim der Zerstörung in sich selbst und ist nicht für die Ewigkeit gedacht, sondern dient dem Versuch, schöpferisch tätig zu sein. Doch kein Bauwerk kann je die göttliche Größe erreichen, denn es ist bar jeden Lebens. Es trägt weder Schwingung, noch Ton und damit keine Vibration des Lebens. Der Mensch kann erschaffen, doch er kann keine Ewigkeit erschaffen und kein Leben.

Selbst die Geburt eines Kindes ist eine Co-Kreation gemeinsam mit Gott, denn er haucht dem Kind Leben und Geist ein und erkennt es damit als sein Kind an und sein Geschöpf und der Mensch ist damit in seinen Armen sicher im Weltengefüge aufgehoben.

- **Leben ist heilig, denn es ist göttlich.**

- **Leben ist fleischgewordene Vibration des Göttlichen.**

- **Jedes Leben ist individuell in seinem Ausdruck.**

- **Jedes Lebens entsteht aus der Essenz des Einen und trägt Schönheit in sich.**

- **Leben ist unendlich in seiner Erscheinungform.**

- **Leben trägt Lichtenergie in sich durch die Strahl- und Leuchtkraft der göttlichen Quelle.**

- **Leben zu zerstören bedeutet, sich von der Quelle abzuwenden.**
- **Leben ist Manifestation göttlichen Willens.**
- **Leben ist dem Wandel unterworfen.**
- **Leben gehorcht den göttlichen Gesetzen.**
- **Leben ohne den Odem Gottes ist nicht möglich.**

Selbst ein Baum braucht den Odem Gottes, den Wind um zu leben. Ohne den Odem Gottes erlischt jedes Leben auf Eurem Planeten.

Ihr seid lebendiger Ausdruck des einen und tragt Schöpferkraft des Lebendigen in Euch und doch könnt Ihr kein Leben ohne seine Hilfe erschaffen, denn der Odem ist heilig und kommt von Gott. Sein Odem ist die Schöpfungskraft in sich selbst. Liebt das Lebendige, denn es ist wunderbar in seiner Vielfalt und unendlich in seiner Erscheinungsform. Achtet Euren Odem, denn bei jedem Atemzug werdet Ihr genährt von der Liebe des Schöpfers. Seine Liebe hält Euch aufrecht, unabhängig, ob Ihr ihn seht oder achtet. Er achtet Euch. Das ist genug. Doch wenn Ihr zurückkehrt auf den Weg, der Euch nach Hause führt zu Eurem Schöpfer, dann taucht Ihr endlich in das wahre Licht der Freude ein und in den Klang seines Herzens.

Ein Medium erkennt die Gesetze des Lebens an und

der Tod ist nur ein weiterer Schritt ins Leben. Ein Medium kommuniziert mit Lebendigen und nicht mit Toten, denn niemals ist jemand tot in den Augen des Göttlichen. Bringt den Menschen das Leben und kündet ihnen die Botschaft von der Überwindung des Tods. Pflanzt in ihre Herzen die Sehnsucht nach dem Licht, damit auch sie den Weg nach Hause finden. Das ist wahres Priestertum. Die weltlichen Priester verkünden nur Teilwahrheiten. Jetzt ist die Zeit der Medien gekommen, die als wahre Mittler der Botschaft Gottes dienen und Gott erlaubt den Verkehr mit den auf der Erde Verstorbenen, um Hoffnung, Glaube und Liebe zu säen. Das ist der wahre Grund. Weissagung und Prophetie sind die Gaben, die Euch durch den Geist verliehen wurden. Nutzt diese weise und in Liebe, denn sie sind Euch durch den göttlichen Geist verliehen worden. Sie sind Euer Charisma und finden durch Euch Ausdruck im Irdischen.

Unser Bedauern ist, dass in Eurer Welt nur wenige bereit sind, diesen Dienst anzutreten, denn Eure Welt braucht Licht und Menschen, die ohne Verzagen Wege voranschreiten und unsere Welt den Menschen nahe bringen. Wir sind da und wir haben Euch erwählt, lange bevor Ihr diesen Weckruf vernommen habt. Oft musstet Ihr viele Mauern überwinden und tiefen Schmerz in Eurer Seele tragen, um endlich unseren Ruf zu vernehmen. Euer Wille ist frei und ungebunden und wir haben diesen zu achten. Daher sind wir glücklich und sehen voller Freude Eure Hinwendung zu uns und wir kommen Euch mit offenen Armen entgegen, um Euch bereits zu irdischen Zeiten die Schönheit unserer Welt und Eures zu Hauses zu zeigen, damit Ihr Kunde davon tun könnt.

Der mediale Weg ist ein Weg der Priesterschaft, der Kommunion und des Wachstums. Streckt Eure Gedanken zu uns aus, wie eine Blume ihre Blütenköpfe zum Licht dreht. Beobachtet die Natur. Sie ist Träger der ewigen spirituellen Gesetze. Dort findet Ihr die Antwort.

Liebe

Liebe

Ein neues Gebot gebe ich euch, dass ihr euch
untereinander liebet, wie ich euch geliebt habe,
auf dass auch ihr einander lieb habet.

Johannes 13,34

Hört die Worte seines Sohnes. Er allein hatte die Macht über das Leben und den Tod. Er war einer der vielen, die unter Euch gewandelt ist und dennoch haben nur wenige den fleischgewordenen Gott unter Euch erkannt. Er ist der Gesalbte und menschlich gewordener Ausdruck der bedingungslosen Liebe Gottes. Die Liebe wandelte unter Euch und hat Euch so viel Angst bereitet, dass Ihr sie töten musstet. Damit brach die Zeit der Dunkelheit über Euch an und das Karma der Menschheit strebt nun zur Erlösung. Tausende von Jahren hat Euer Weg gedauert und führte in die Dunkelheit der Materie, in eine Welt ohne Schwingung und Ton. Nun ist die Sehnsucht nach der Liebe in Euch erwacht und Ihr erkennt den Ruf des Christos in Euch. Die Sehnsucht nach Agape, der bedingungslosen Liebe, die ohne eigenen Nutzen, bedingungslos aus sich selbst heraus schöpft und ihre Quelle in der bedingungslosen Liebe Gottes sucht. Sie ist das Werkzeug der Kraft und der Rückkehr auf den Weg des Lichts. Jesus Christus war und ist das Symbol, denn es steht geschrieben, dass niemand den Weg zurück zum

Vater findet außer durch ihn. Erst das Erwachen der göttlichen Liebe in Euren Herzen wird Euch zurückführen auf den Weg des Lichts.

Liebt alles und jeden um Euch herum. Eure Feinde sind nicht Eure Feinde, sondern sie zeigen Euch lediglich den Mangel, der noch in Euren Herzen sitzt. Bedankt Euch bei ihnen, denn sie sind Wegweiser und bringen Euch auf den Weg. Fürchtet nicht den Schatten. Geht zum Licht, wenn es am höchsten steht und Ihr werft keinen Schatten mehr. Je lichtvoller Euer Weg ist, desto kleiner wird Euer Schatten sein. Doch achtet auch die Sehnsucht des Schattens. Auch er sucht Erlösung und je lichtvoller Euer Weg wird, desto mehr Schatten suchen durch Euch den Weg der Erlösung, denn sie haben die Hoffnung, doch es fehlt ihnen der Glauben der im Licht Wandelnden. Der Weg des Mediums muss ein Weg ins Licht sein, denn für die Kommunion von Geist zu Geist braucht es ein lichtvolles Herz, damit sich Licht im Licht begegnen kann, denn letztendlich ist der Geist Eures Herzens das strahlende Licht Gottes. Wenn Ihr über die Schwelle des Tores tretet und nach einem erfüllten Leben nach Hause kehrt, dann streift Ihr die leer gewordene Hülle des Körpers ab. Der Körper muss sterben, denn er ist vom Menschen erschaffen, der Geist dagegen ist unendlich, da er göttlichen Ursprungs ist. Das Licht aber bleibt und kehrt zurück in die Quelle.

Um als Mittler zwischen den Lichtwesen Gottes und

der Welt zu dienen, braucht es eine Kommunikation von Licht zu Licht. Licht ist der kosmische Speicher von Information und Eure Wissenschaftler entdecken gerade diese Wahrheit und doch erkennen sie nicht die Größe des Lichts.

Denn Licht entsteht aus der Schwingung der Liebe und daher könnt Ihr Euer Licht vergrößern, indem Ihr in der Schwingung der Liebe lebt. Je höher Ihr schwingt, desto höhere Sphären der unsichtbaren Welt können durch Euch kommunizieren. Ersetzt die Trauer durch Liebe, ersetzt den Mangel durch Liebe. Schätzt nicht die Gestalt und die Errungenschaften Eurer Mitmenschen. Selbst wenn Sie Eurem Blick und Urteil nicht standhalten, schätzt das Licht, das Menschen ausstrahlen. Und hättet Ihr die Liebe nicht, so ist alles wertlos. Je mehr Liebe ein Mensch in sich trägt, desto einfacher kann es zu einer Kommunion zwischen zwei Geistseelen kommen und desto tiefer der Austausch. Licht strebt zu Licht und auch hier gelten die natürlichen Gesetze des sich Anziehenden.

Die Liebe ist Heilung und durchdringt jede Ebene des Menschen und ein Medium, das sich auf die Liebe ausrichtet, ist mit seinen Antennen auf uns ausgerichtet. In manchen Momenten ist die Übereinstimmung so groß, dass das Medium im Strahl und im Kraftfeld der geistigen Welt sitzt. Die Liebe, die Euch dann durchströmt, füllt Eure Herzen und lässt Eure Tränen nach oben steigen und Ihr könnt so bereits zu Lebzeiten an den himmlischen Gefühlen teilhaben. Das ist Euer Lohn. Dafür, dass Ihr den Himmel auf die Erde bringt, bringen wir den Himmel zu Euch.

Nun aber bleibt Glaube, Hoffnung, Liebe, diese drei; aber die Liebe ist die größte unter ihnen.

1.Korinther 13,13

Tränen

Tränen

*Selig seid ihr, die ihr hier hungert; denn ihr sollt
satt werden. Selig seid ihr, die ihr hier weinet;
denn ihr werdet lachen.*

Lukas 6, 21

Tränen sind die Wahrheiten und Träume der Seele. Sie sind glasklar und rein wie ein Diamant und tragen den kostbaren Schmerz einer verlorenen Hoffnung in sich und doch spiegelt sich in jeder Träne die gesamte Schönheit unseres Kosmos. Wir müssen nur das Äußere der Träne betrachten. In diesem Tropfen spiegelt sich der Makrokosmos im Mikrokosmos.

Eine Träne hinterlässt auf ihrem Weg eine Straße des Schmerzes, flankiert von zerbrochenen Träumen und doch bedeutet jede Träne Heilung und Wahrheit, denn jede Träne beinhaltet die Erkenntnis der Wirklichkeit, die dem Bild der Tränen nicht standhalten konnte.

Will man das Herz von Bitterkeit befreien, nimmt man den Schmerz, umhüllt ihn mit dem reinen Wasser des Lebens und bringt ihn so an die Oberfläche vor Gottes Angesicht. Die Tränen der Menschen sind so zahlreich, wie die Sterne am Firmament und doch funkelt jeder von ihnen hell und klar und weißt uns den Weg in dunkelste Nacht. Tränen sind Wegbereiter für neue Träume und Hoffnungen. Sie befreien uns von altem Ballast und fehlgeschlagenen Träumen. Tränen sind die Medizin der Seele. So wie Liebe Heilung für jedes geschundene Herz bringt.

Achten wir jene Tränen, die den bitteren Schmerz der Wahrheit in sich tragen. Ignorieren wir die Tränen, die in uns selbst aus dem Egoismus entstehen, denn diese kommen nicht aus der Seele, sondern fließen aus dem Meer der Eitelkeit. Mit jeder Träne geht ein Stück Lüge und so entsteht neuer Platz für Wahrheit. Und die Straße bereitet mit den funkelnden Kristallen führt uns zu einem tieferen Verständnis von Liebe und Vergebung. Es ist nicht wichtig, ob die Träne das Licht des Tages erblickt.

Selbst eine Träne, die nie geweint wurde, ist eine Träne in der sich, wie in einer Kristallkugel, das ganze Universum spiegelt. Wir sammeln jede dieser Tränen und zollen ihr Respekt und Achtung. Und so entsteht ein neues Meer. Jede Träne, die in Eurer Welt geweint wird, vergrößert das Meer der Wahrheit in unserer Welt. Und alle die, die dieses Meer erschaffen, haben Anteil an der Gnade und Barmherzigkeit des Höchsten. Daher haben oft Tränen den Weg eines Mediums begleitet. Diese Tränen dienten der Läuterung und sie sind Wegbereiter geworden, um alten Schmerz loszulassen, die Liebe zu finden und sie waren nötig, um die Sehnsucht nach Vollkommenheit in Euren Herzen reifen zu lassen. Denn je tiefer ein Medium empfindet, desto tiefer kann es auch die Liebe zulassen. Daher braucht es die Kristalle der Tränen. Sie sind der Schliff für das Leben eines jeden, der den Weg als Mittler zwischen den Welten einst gehen wird, darum achtet die Tränen des Menschen vor Euch, denn Ihr seht die Geburtswehen eines neuen Mediums vor Euch. Achtet den Schmerz eines Anderen, denn der Schmerz formt den Menschen und bringt ihn dazu, über sich selbst hinauszuwachsen.

Reicht diesem Menschen die Hand und zollt diesen Tränen Respekt und Achtung, denn alles, was Ihr am Anderen verachtet, verachtet Ihr deshalb, weil Ihr in diesem Bereich Mangel in Euch tragt und zu blind seid, diesen zu erkennen.

Licht

Licht

Mach Dich auf, werde Licht,
denn Dein Licht kommt.

Jesaja 60,1

In der geistigen Welt erkennt man Euch an Eurem Licht und man ist daran interessiert, Eure Energie und Euer Licht zu entwickeln, denn alle Informationen werden in Lichtgeschwindigkeit übermittelt und je höher Eure Energie, desto besser die Übermittlung der Information. Doch nirgendwo in Eurer Welt steht geschrieben, wie man diese Energie erhöht. Es gibt Bücher über Ernährung und Beten und Liebe, doch könnt Ihr es so differenziert betrachten? Das ist Eure menschliche, lineare, logische Denkweise, die dem rationalen Verstand entspringt und sehr beschränkt ist. Denn diese ist auf die Summe Eurer Erfahrungen begrenzt.

Wir arbeiten nicht mit Euren Zellen. Wir arbeiten mit dem Raum dazwischen, also mit dem unsichtbaren Quantenraum, der jede Zelle umgibt, wie ein kleines eigenständiges Energiefeld. Dieses Quantenfeld wirkt dann auf die Zelle ein. Wir sind das Feld und der Raum und hier verschmelzen unsere Welten mit Euren. Wir erkennen Euch an Eurem Licht und je reiner ein Licht scheint, desto größer die Freude bei uns in der feinstofflichen Welt. Durch die Erhöhung Eurer Lichtenergie wachst Ihr uns entgegen. Licht ist Lebensenergie und Ihr bezeichnet es als Biophotonenenergie. Jedes Lebewesen hat dieses Licht und darüber kommuniziert Ihr miteinander. Wenn Du als Seele wächst in Deiner Welt, dann wirst Du zu einem Licht. Du leuchtest und alle werden davon angezogen, wie die Motte vom Licht. Über das Licht bist Du mit allem verbunden, was ist. In Eurer Ebene bist Du über den Atem mit allem verbunden. Atmest Du aus, atmet ein Baum ein und der Atem eines jeden und allen durchdringt Dich mit der Zeit. Alle Lebewesen sind über den Atem in Eurer Welt verbunden. In unserer Ebene spielt der Atem keine Rolle mehr, hier ist es das Licht. Euer Atem ist auf Euren Körper begrenzt, doch wenn er Euch verlässt, geht er im unendlichen Raum auf. Es gibt keinen Raum und es gibt keine Zeit. Alles ist da, jeden Augenblick. Nichts vergeht jemals. Ihr wurdet erschaffen und Euer Sein ist bereits in der Unendlichkeit und Ihr habt bereits das ewige Leben verliehen bekommen. Erhebt Euch über Eure Grenzen. Sie sind nur so dünn wie Papier, doch Euch scheinen sie wie unüberwindbare Mauern.

Heilung

Heilung

Wahrlich, wahrlich, ich sage euch:
Wer an mich glaubt, der wird die Werke auch
tun, die ich tue, und wird größere als diese tun,
weil ich zu meinem Vater gehe.

Johannes 14,12

Heilung ist der Weg in die Ganzheit Eures Seins. Heilung ist reine Liebe. Krankheit entsteht, wenn Ihr von Eurem Weg abweicht und Krankheit entsteht aus Mangel an Liebe und Aufmerksamkeit für Euch selbst. Euer Körper ist die göttliche Schatulle, das heilige Aufbewahrungsgefäß Eurer Seele. Schaut Euch an. Kann sich Eure Seele hier wirklich entwickeln?

Eure Schwingung, die am Tag Eurer Geburt so rein war, ist aus dem Takt geraten und die Balance Eures Lebens hat sich verschoben. Welcher Mangel in Euch hat die Krankheit bewirkt? Eure Mediziner und Heiler arbeiten auf der Ebene des Körpers. Wir sehen alle Ebenen und sehen die Zusammenhänge wie in einem offenen Buch und wir lesen daraus. Erst muss immer der Geist geheilt werden, denn aus der geistigen Struktur entsteht der Körper.

Kommt ein Mensch mit einem deformierten Körper auf die Welt, dann ist es wahrscheinlich, dass sein Geist beeinflusst wird. Er erlebt sich durch die

Augen der Umwelt als nicht vollständig und doch hat er die Wahl aus diesem Mangel heraus diesen Schatten aufzulösen und dafür eine innere Größe zu entwickeln, denn alles strebt nach Harmonie und Ausgleich. Mangel kreiert auf einer anderen Ebene Fülle, damit der Ausgleich zustande kommt.

Ihr müsst unterscheiden in Eurer Welt. Wir haben den Magnetismus des Heilers, der aus seiner Lebensenergie bereitgestellt wird. Auch dieser beeinflusst das Energiefeld des Kranken und kann einen positiven Zustrom von Heilenergie gewährleisten. Ihr nennt dies Geistheilung, doch in diese Form der Heilung sind wir nicht involviert. Solange das Medium eine Heilung in ein Ritual bettet, solange ist sein Bewusstsein im Tun und im Ego, denn sein Geist ist im Ablauf der Heilungshandlung gefangen.

Unsere Heiler und Experten können erst tätig werden, wenn wir eine Bitte des Menschen empfangen, wieder heil zu werden. Wir werden diesen kranken Menschen dann führen, bis er das richtige Medium findet, das ihm helfen kann. Ihr nennt dies Synchronizität. Trifft nun der kranke Mensch auf ein Medium, so gibt es wiederum mehrere Wege. Das Medium kann sich in Form eines Gebetes an uns wenden, um dem Kranken zu helfen oder das Medium stellt sich als Kanal zur Verfügung. Auch hier unterscheiden wir wiederum zwei Formen der Heilung. Der reine Kanal der Heilung entsteht, wenn das Medium sein Ego aufgibt und uns sein Leben und seine Energie und seinen Körper bereitstellt. Dann können wir durch dieses Medium Heilenergie durch unsere Spezialisten bereitstellen, die rein und pur aus unseren Sphären in den materiellen Körper des Patienten über den Transformator Medium fließen kann. Das ist Tranceheilung.

Sie ist die reinste Form der Heilung und sie bedingt eine Hingabe und Demut des Mediums. Diese Hingabe entsteht nur durch hundertprozentiges Vertrauen, Hoffnung und den Glauben und setzt eine lange Zusammenarbeit zwischen dem Medium und der geistigen Welt voraus. Auch hier ist die Basis Liebe. Die Liebe des Mediums und die Liebe der geistigen Welt bewirken zusammen die Heilung. Diese Form der Heilung ist Tranceheilung.

Ist das Medium Kanal, aber im vollen Bewusstsein seines Tuns, dann ist die Anbindung nicht in vollem Umfang gegeben. Hier lenkt das Medium durch sein Wissen zu einem großen Teil die Energie der geistigen Welt. Eure Wissenschaftler haben dies vor Kurzem bewiesen. Das ist nicht grundsätzlich als falsch zu bewerten. Doch das Medium hat hier nicht den vollen Einblick auf die Ebenen und wird daher eher im stofflichen Bereich, dem symptomatischen oder dem körperlichen Bereich arbeiten. Doch die Heilung durch das Bewusstsein des Heilers kann nicht von Dauer sein, da die Ursache nicht beseitigt wird. Daher ist die Ursache, also der Herd des Geschehens, immer noch in der Lage, das energetische Feld des Patienten zu beeinflussen. Dadurch wird die Krankheit nicht verändert.Sie wird nur unterdrückt und kehrt zurück.

Unsere Heiler und Experten können jedoch die wahre Ursache sehen und daher findet hier Heilung am Ursprung des Geschehens statt. Alles ist Energie und keine Energie geht verloren. Viele Heiler von Euch denken, dass sie nur unsere positive Energie ins energetische Feld des Patienten leiten müssen, um eine positive Wirkung zu erzielen. Keine Energie geht je verloren, daher ist nun positive, aber auch die alte Energie vorhanden. Daher bleibt die Ursache der Krankheit bestehen. Auf unserer Seite der Welten transformieren wir in der Tranceheilung diese Energie. Wir fügen keine neue Energie hinzu, sondern transformieren die Energie in einem komplizierten Prozess durch den Körper des Mediums. Dabei fällt auch heilende Energie für das Medium ab. Dies geht nur in der Trance. Wir brauchen hier eine andere Bewusstseinsebene, um diesen Prozess zu vollziehen.Dabei ist die Tiefe der Trance der Gradmesser für die Tiefe der Heilung. In einer ganz tiefen Trance übernehmen wir den Körper des Mediums. In Eurem Sinne müsste man bereits von einem physischen Tod des Mediums sprechen. Wir übernehmen diesen Körper und können dann sogar physikalische Eingriffe wie Operationen oder Tumorentfernungen vollziehen. Unsere Heiler, Spezialisten und Ärzte übernehmen den Körper des Mediums. Wieder andere hüten den Geist des Mediums in dieser Zeit, damit der Mensch keinen Schaden nimmt und so arbeiten viele, viele Hände zusammen, um Heilung zu erwirken.

Versteht Ihr jetzt, dass es hier eine hohe Bereitschaft geben muss, das Ego und Wollen, selbst den Wunsch der Heilung für den Patienten aufzugeben, damit wir tätig werden können. Aus diesem Grund sprechen wir von Liebe, Demut und Hingabe. Ein solches Medium sitzt Jahre in der Energie unserer Gegenwart, damit beide Welten sich annähern können und wir das Medium auch zum Teil physikalisch verändern, damit dieses große Werk getan werden kann. In Eurer Zeit sind nur wenige bereit, einen solchen Weg auf sich zu nehmen, da das Ego hier keine Befriedigung erfährt. Das Medium ist Mittel zum Zweck. Wir sind sehr betrübt über diese Entwicklung. Oft warten wir Jahre, bis ein solches Medium geboren wird. Dann dauert es noch einmal oft Jahrzehnte, bis das Medium durch sein Schicksal den Weg zu uns findet.

Die Energie des Christos war und ist eine solche Energie. Ich sage Euch: Keine Energie verlässt jemals den Raum der Schöpfung, ob sie nun von Menschen geschaffen oder aus unserer Welt stammt. Jesus, der Christos hatte bereits im Wachzustand das Bewusstsein, das heutzutage ausschließlich in der Trance erreicht wird, doch jeder kann diesen Weg gehen. Einzig und allein der Glaube und die Liebe öffnen den Weg in diese neue, alte Energie der Heilung. Geht diesen Weg.

In unserer Welt warten so viele, um Euch zu helfen. Wenn Ihr die Freude über ein wahres Heilmedium in unserer Welt sehen könntet, würdet Ihr keinen Augenblick zögern. Großes kann dann geschehen, wenn Ihr an diese Energie glaubt.

Achtet die Trance, denn sie ist die heilige Bewusstseinsebene des Priesters und sie ist die Ebene der Transformation. Wunder vollziehen sich in dieser Ebene. Hier hat mein Gebieter Wasser in Wein verwandelt und Gelähmte zum Gehen gebracht. Auf dieser Ebene vollziehen sich der heilige Tanz des Todes, die Auflösung der Materie und die Rückkehr in die Alleinheit Gottes.

Jesus, der Christos ist die Energie, durch die Gott seinen Heilswillen für alle Menschen ausgedrückt hat. Er ist der Gesalbte und der Verheißene, der die heilende Energie physisch sichtbar machte, um alle, die noch zweifelten, zu überzeugen von der Größe des Einen. Heutzutage spürt Ihr diese Energie noch im Kabinett und in den Séancen, wenn physikalische Phänomene sich durch ein Medium kundtun. Heilung geschieht durch die Tiefe der Verbindung zwischen unseren Welten. Sie vollzieht sich im Unsichtbaren und wirkt im Sichtbaren. Das sind die Transformation und das Wunder.

Wer ist Gott?

Wer ist Gott?

*Mose aber antwortete Gott: Siehe, wenn ich zu
den Söhnen Israel komme und ihnen sage:
Der Gott eurer Väter hat mich zu euch gesandt,
und sie mich fragen: Was ist sein Name? Was soll
ich dann zu ihnen sagen?
Da sprach Gott zu Mose: „Ich bin, der ich bin."
Dann sprach er: So sollst du zu den Söhnen Israel
sagen: Der „Ich bin" hat mich zu euch gesandt.
Und Gott sprach weiter zu Mose: So sollst du zu
den Söhnen Israel sagen: Jahwe, der Gott eurer
Väter, der Gott Abrahams, der Gott Isaaks und
der Gott Jakobs, hat mich zu euch gesandt.
Das ist mein Name in Ewigkeit, und das ist meine
Benennung von Generation zu Generation.*

2. Mose 3, 13 – 15

Ich bin die Kraft, die hinter allem steckt. Ich bin
der Atem des Windes und die Liebe, die erschafft. Ich bin die Gnade und die Gerechtigkeit
und das Wissen des Universums. Ich bin das Gedächt-
nis der Zeit und die Kathedrale der Welten. Ich bin, der
ich bin.

Ich sage Euch, Ihr sollt gehen! Die Zeit ist da. Meine
Welten waren zweitausend Jahre getrennt und die Zeit
der Einung ist gekommen. Vereint die Welten, dann
werden die Menschen vereint sein. Ich bin das Feuer

der Transformation und das Meer der Erlösung. Ich bin der Tod und das Leben und die Stimme der Wahrheit. Gerechtigkeit flutet aus jedem meiner Atemzüge und der Hauch des Lebens strömt aus meinen Lungen. Seit Anbeginn aller Zeiten bin ich die Welt, das Leben und die Schöpfung.

Nichts ist mir fremd, da nichts ohne mein Wissen geschieht, alles wurde erdacht seit ewiger Zeit und folgt den alten Plänen der Schöpfung. Ich bin der Weg und das Licht. Folge mir in das Licht und niemals werdet Ihr darin umgekommen, noch verbrennen.Geht, sage ich Euch. Geht!

Aber sind wir nicht zu klein? (Frage von mir bei dieser Durchsage)

Was wäre der Tropfen ohne das Meer, der Wind ohne die Brise und die Umarmung ohne die Liebe. Alles ist nur ein Teil, doch ohne diesen Teil kann es nicht existieren. Der Tropfen ist so groß wie das Meer und die Umarmung so groß wie die Liebe und der Hauch wie ein Sturm, zur rechten Zeit am rechten Ort gesät. Niemals ist eine Tat zu klein. Ich sehe alles, ich weiß alles und ich fühle alles. Weder die Träne, noch die Brise, noch die Umarmung geschieht ohne meinen Impuls. Ich bin in Euch seit Anbeginn aller Zeiten und die nährende Kraft des Weltenrades. Ich bewege die Welten, denn es gibt nicht nur eine Welt. Mein liebender Gedanke ist der Beginn und die Geburt Eurer Seelen und je mehr Ihr Euch der Liebe öffnet, desto größer wird

Euer Sein und jede Tat in Eurer Welt entspricht einer Tat in den unsichtbaren Welten. Taten aus der Liebe geboren steigen auf in das Feld des Wissens und der Wahrheit und der Heilung.

Taten aus Zweifeln und niederen Gefühlen sind schwer und schaffen nicht den Aufstieg. Eure Erde ist schwer von diesen alten Energien. Erhebt Eure Herzen zum Licht, lebt und atmet im Licht. Niemals gibt es ein Dunkel im Licht. Das Dunkel existiert unter und neben dem Licht. In meinem Licht zu wandeln bedeutet Heilung. Reicht das Licht weiter und Ihr werdet mehr erhalten, als Ihr Euch vorstellen könnt. Doch nichts wird neu hinzugefügt. Alles ist bereits in der Essenz Eurer Seele enthalten. Geht und verkündet, geht und heilt, geht und sprecht von meinen Welten und bringt die Herrlichkeit in die Herzen der Menschen. Geht ... und liebt. Mehr braucht es nicht. Ein Funke reicht, um den Sintbrand zu entzünden. Der Sintbrand ist das Feuer der Läuterung und wird heller als das hellste Licht sein. Es wird einen neuen Stern geben. Seine Zeit ist bald gekommen und er wird leuchten. Folgt diesem Stern. Er ist der Weg, die Wahrheit und führt Euch zum Leben. Geht.

Bringt den Menschen dieses Paradies zurück. Eint die Welten und seid die Brücke. Eure Helfer sind zahlreich und ihr Name ist Legion. Die Dunkelheit wird kommen und Euch verschlingen, doch Ihr steigt aus den Tiefen empor und tragt bereits den Stern des Lichtes in Euch und erhellt so den Raum der Dunkelheit. Es ist Zeit ins Paradies zurückzukehren. Verwandelt den Wein der Lüge in das Wasser der Wahrheit. Lasst die Worte aus Eurem Herz strömen und sie werden die Erde überschwemmen und die heilige Nahrung an jeden Ort der Erde bringen. Jedes Wort wird ein Signal sein und ein Zeichen.

Demut

Demut

So ermahne ich euch nun, ich, der
Gefangene in dem Herrn, dass ihr der
Berufung würdig lebt, mit der ihr berufen seid,
in aller Demut und Sanftmut, in Geduld.
Ertragt einer den andern in Liebe.

Epheser 4,1 und 2

Ihr habt den Ruf vernommen und wollt als Medium arbeiten. Wir begrüßen diesen Schritt, doch auch hier bedarf es eines weiteren Schrittes in Eurer Entwicklung. Ob Ihr als Medium sprechen oder heilen werdet, es ist ein Weg der Demut und des Lernens über Euren ganzen Seelenweg hinweg. Lernen heißt Wachstum und doch heißt dieses Wachstum nicht, dass Ihr Euch als neue Propheten aufschwingt und Menschen in die Abhängigkeit stürzt. Geht in Demut und seid geringer als die, die zu Euch kommen werden, denn sie sind in Wahrheit Eure Lehrer. Ihre Bitten sind Eure Herausforderungen. An ihnen könnt Ihr wachsen oder scheitern.

Hochmut kommt vor dem Fall. Dies ist eine Feststellung aus Eurer Welt und sie hat immer noch Gültigkeit und findet ihren Ursprung in dem Satz Jeschuas. „Was Ihr dem Geringsten unter Euch tut, das habt Ihr mir getan." Nicht Ihr seid erhöht durch Eure Schüler, sondern Eure Schüler und Ratsuchenden werden durch Euch erhöht. Vergesst nie diesen Auftrag. Wenn Ihr Menschen im Dunkeln stehen lasst, dann habt Ihr Euch schuldig gemacht. Dient dem Licht und dient dem Aufstieg. Ein jeder möge auf seine Art dazu beitragen. Der eine durch heilen, der andere durch ein positives Wort, das ein geschundenes Herz tröstet. Wieder andere werden die Brücke zwischen unseren Welten sein. Und wieder andere werden das Lob Gottes verkünden. Wieder andere werden Menschen gebären, die wegweisend sind. Niemand von Euch ist geringer als der Andere. Nur die Herrlichkeit des Einen überragt alles.

Ihr befindet Euch alle auf dem gleichen Weg. Reicht einander die Hand in Demut und helft dem anderen über seine Schwellen und Mauern hinweg, damit auch Euch geholfen wird, wenn Eure Zeit des Verzagens kommt. Wenn Ihr den Ruf des Erwachens vernehmt, dann folgt der Spur Eures Herzens und dem Licht Eurer Seele. Lasst Euch nicht beirren und kniet nieder vor der Größe des Herrn, der diesen Weg für jeden von Euch vorgesehen hat. Wahre Größe zeigt sich in Eurem Handeln und nicht in Eurem Wort.

Der mediale Weg ist ein Weg des Dienens und wird Euch tausendfach belohnt und vergolten werden. Für Euch wird gesorgt sein, wenn Ihr diesen Weg in Liebe geht. Wunder werden möglich sein und Grenzen überwunden werden, doch bleibt demütig gegenüber Gott und Eurem Nächsten und groß in der Liebe.Das ist der Weg. Dann öffnen sich Schritt für Schritt alle Himmel und zuletzt werdet Ihr den Himmel der Erkenntnis schauen und sanft von uns abgeholt werden. Wir bringen Euch nach Hause und dann werdet Ihr wissen.

Die Liebe
zwischen Mann und Frau

Die Liebe zwischen Mann und Frau

Anmerkung

Diese letzten Durchsagen sind die ersten, die damals zu mir kamen. Sie haben nicht direkt mit dem Entwicklungsweg eines Mediums zu tun und doch sind sie von einer solchen Schönheit und bringen unser Bewusstsein zurück in den Alltag, der auch gelebt werden will. Daher habe ich mich entschieden, diese zu veröffentlichen, auch wenn sie nicht in einem direkten Bezug zum Thema stehen.

Dein Weg hat lange gedauert, bis Du zu mir gefunden hast. Meine Kraft ist nicht sehr stark und es kostet mich viel Energie, hier so zu erscheinen. Mein Name ist Maryam, doch man kennt mich unter vielen Namen. Ich lebe in dieser einsamen verlassenen Landschaft und habe mich in die Höhle zurückgezogen, um Gott und meinem Gefährten nahe zu sein. Meine Zeit wird kommen und meine Zeit ist gewesen. Wir waren Menschen, im göttlichen Willen verbunden, doch Seelengefährten für die Ewigkeit. Man nennt mich die weise Frau.

Die Bibel ist voller Lücken und Willkür und doch ist sie das heiligste Werk. Seit zweitausend Jahren sucht die Menschheit nach Liebe. Wir haben sie gelebt. Mein Meister und ich haben die vollkommene Liebe gelebt.

Hör genau zu.

Die Liebe zwischen Mann und Frau beschränkt sich auf das emotionale und körperliche Element in Eurem Leben. Kehrt um. Denkt an die heilige Zahl drei. Erst durch die Vereinigung mit dem Geist, der heilig und unantastbar ist, erst im Hinzukommen des dritten Elements, der Spiritualität zwischen Mann und Frau, kann die alles umfassende Liebe erwachen. Eine Liebe, die dient und nicht herrscht. Eine Liebe, die zum Licht für andere wird.

Vieles aus den Schriften wurde entfernt, damit Mann und Frau die göttliche Vereinigung und die alten Rituale nicht mehr vollziehen können. Sie wurden getrennt von der Einheit mit Gott. Gott ist Liebe, bedingungslos, voller Vertrauen, fruchtbar und ständig erschaffend. Das fehlende Element ist die Spiritualität. Es geht um Geist und Ritual. Vollzieht die alten Riten und Eure Liebe ist ein lebendiges Gebet. Huldige Deinem Mann und erkenne seine Göttlichkeit. Er ist und war nie getrennt von Gott. Huldige Deiner Frau und erkenne ihre Göttlichkeit. Sie ist und war nie getrennt von Gott. Gemeinsam seid Ihr Kinder Gottes.

Man hat Euch wie Adam und Eva ins Paradies gesetzt. Die Fülle ist für Euch bestimmt und nicht der Mangel. Nicht die Schlange hat Euch gestürzt, sondern die Willkür von Menschen. Ihr seid immer noch im Paradies und erkennt es nicht. Menschen haben Euch die Botschaft des Mangels ins Herz gepflanzt und daher die

Dreieinigkeit gespalten. Ihr wurdet getrennt und damit zu Suchenden. Eure Verbannung geschah aus Gründen der Gier und Macht. Die Worte Gottes sind Worte der Liebe, der Sanftheit und des Verständnisses. Wie kann er daher grausam und zornig und rachsüchtig sein? Gott ist Liebe und Erbarmen.

Lerne, die Not in Deinem Partner zu sehen, bevor er sie sieht. Lerne, ihn geistig zu berühren, um ihm Zuversicht zu schenken. Trage ihn sanft und sicher über die Stufen des Lebens mit Deiner Liebe. Achte ihn und glaube an ihn. Gebt Euch hin in der göttlichen Vereinigung, damit Ihr ein Geist, ein Fleisch, ein Blut werdet. Seid Vorbild und entzündet ein Licht der Sehnsucht in anderen. Erst die Sehnsucht lässt uns auf die Suche gehen. Liebt ihn am meisten, wenn er es am wenigsten verdient hat. Berührt Euch, denn dies ist ein Weg der Heilung. Tröstet Euren Partner in der Not, dies ist Balsam für die Seele.

Erst in der Dreieinigkeit der göttlichen Vereinigung, nämlich Glaube, Hoffnung und Liebe, entsteht der vollkommene Friede. Solange Ihr glaubt und vom Geist, also der Spiritualität beseelt seid, solange wird Eure Liebe nicht untergehen und Not leiden. Wir reden immer vom Dualismus. Natürlich sind Mann und Frau verschiedene Pole. Doch sie sind Pole der gleichen Wahrheit und erst durch den Atem des heiligen, unantastbaren, reinen und göttlichen Geistes und Atems wird aus der Dualität eine Einheit, die unzerstörbar ist. Eine Einheit, die heilend ist und Balsam für die Seele anderer Menschen. Dann geht es nicht mehr um den Unterschied, sondern um Einheit. Erst in der Verbindung zwischen Liebe, Leidenschaft und Spiritualität entsteht die göttliche Hochzeit, die den Wein des Lebens und den Atem der Unsterblichkeit trägt. Dann werden aus Fremden Seelengefährten, die einen Weg und eine Bestimmung haben. Lebt die alten Rituale und Gebete. Bringt Euch dem anderen dar. Zelebriert die Vereinigung im Wissen um die göttliche Herkunft des Anderen. Erkennt in Eurem Partner das gleiche Licht, entzündet in der Seele, die aus der Ewigkeit kam und dorthin zurückkehrt. Ihr seid als Seele dann immer verbunden über viele Inkarnationen. Dieser Bund ist ein Bund der Ewigkeit und heilig, weil Gott es so will.

Wann habt Ihr Euren Partner das letzte Mal gesehen? Setzt Euch gegenüber und schaut Euch in die Augen. Sucht im Auge des Anderen den göttlichen Funken und die Essenz des Anderen. Seht Euch, als das was Ihr seid. Menschgewordene Sehnsucht und Ausdruck göttlichen Willens, als Instrument, die Liebe auf der Erde zu verbreiten, von Angesicht zu Angesicht.

Ich muss jetzt gehen. Dieser Ort liegt jenseits von Zeit und Raum. Wir werden uns wiedersehen und ich werde Dich wieder rufen. Ich segne Dich und alle, die mit Dir verbunden sind.

Geh nun mit Gott ...

Die Kinder

Die Kinder

Ich grüße Euch. Mein Herz singt, wenn ich sehe, dass Euch Kinder wichtig sind. Kinder sind ein Geschenk und sie sind die Saat, die Ihr sät. Begleitet Ihr Wachstum mit liebevoller Aufmerksamkeit und gebt ihnen Flügel, wo die Untiefen des Lebens lauern. Gebt ihnen Nahrung und Zuspruch und eine liebevolle Umarmung in Zeiten der Not. Sie sind Spiegelbilder Eures Lebens, und wenn Ihr in die Gesichter Eurer Kinder blickt, so blickt Ihr in Euer eigenes Leben.

Findet Ihr Angst darin, dann habt Ihr die Angst gesät. Findet Ihr Schmerz darin, dann habt Ihr den Schmerz gesät. Weicht der Blick Eurer Kinder dem Eurigen aus, dann habt Ihr Lüge gesät. Erlischt das Strahlen, dann habt Ihr Dunkelheit gesät. Erblickt Ihr eine Träne, so habt Ihr Bitterkeit in die Herzen gesät.

Eine Kinderseele, die den Geist der Freude und des Lachens in sich trägt, wird zu einem strahlenden Spiegelbild eures Lebens.

Schaut in die Augen eines Kindes, wenn es das Licht der Welt erblickt. Das strahlende Licht dieser Seele trägt das Bild der Unendlichkeit in sich. Eure Kinder sind geboren aus der ewigen Quelle und haben ihre Reise angetreten, um ihre Bestimmung zu erfüllen. In den Augen der Neugeborenen erblickt Ihr die Herrlichkeit der geistigen Welt. Ein Blick in diese Augen zeigt die Größe und das Wunder der Schöpfung. Ihr selbst seid hier zum Schöpfer geworden. Sowie der Vater Euch nach seinem Ebenbild erschuf, so erschafft Ihr diese winzigen Geschöpfe der Hoffnung nach Eurem Ebenbild. Aber ist Euer Bild auch wert, neu erschaffen zu werden? Schaut in den Spiegel und seht euer Antlitz mit den Augen eines Kindes. Ist das Samenkorn wert, reiche Frucht zu tragen oder sollte es besser in der Erde verdorren, damit kein neuer Schmerz entsteht. Sie sind aus Eurem Geist geboren, erhalten das Licht der Seele aus der Quelle des Lichts, zu der einst alle zurückkehren.

Doch es gibt Kinder ohne den Nährboden der Liebe. Kinder, die eine Hand nur als Schmerz kennen und deren Seelen in der Dunkelheit auf Erlösung warten.

Liebe ist der einzige Weg, diese Kinder zu heilen. Hände, die verwundete Herzen heilen und die Narben der Seele glätten. Hände, die tröstend in der Nacht da sind und Ruhe und Geborgenheit ausstrahlen. Eine Stimme, die tröstende Worte in Zeiten der Angst spricht und eine Hand, die sie in Zeiten der Not mit festem Griff hält.

Erinnert Euch an Eure Aufgabe und erfüllt Eure Bestimmung. Nicht Eure Kinder gehen Euren Weg. Es ist an Euch, diesen selbst zu beschreiten. Eure Kinder sind eine Erinnerung an diese Bestimmung und sie tragen das strahlende Licht der geistigen Welt in sich.

Danksagung

Danksagung

Das sind einige der Durchgaben, die ich über einen langen Zeitraum aufgeschrieben habe. Einige meiner Schüler haben mich gedrängt, dies zu veröffentlichen. Vielleicht ist die Zeit reif dafür. Es gibt noch so viel Wissen aus der geistigen Welt, dass unseren Seelen auf unserem irdischen Weg zum Wachstum verhelfen kann und das noch in den Tiefen meines Computers schlummert.

Mit diesem Schritt nehme ich all meinen Mut zusammen und springe über meinen Schatten. Wenn nur in einem Menschen ein neues Licht erwacht, dann hat sich dieser Schritt gelohnt.

Ich danke meinen Geistführern und nicht zuletzt derjenigen, von der dieses Wissen stammt. Ich habe viele Jahre nicht gewusst, wer sie war und am Tag der Offenbarung erfüllte mich ungläubiges Staunen. Möge sie auch Euch zum Staunen bringen.

Ein Dankeschön an alle Schüler, die Ihr Vertrauen in mich setzen, und es ist schön zu sehen, wie Euer Licht und die Erkenntnis in Euch zu leuchten beginnen.

Ich danke meinem Mann für seine bedingungslose Liebe und Fürsorge. Er ist das Licht meines Lebens. Allein sein Dasein erfüllt mich mit Ruhe und Frieden.

Ich danke meinen Eltern und Kindern. Sie waren meine größten Lehrer. Und ich sende meine Liebe zu meinen Enkelkindern Melia und Noah aus und zu all denen, die noch kommen werden. Möge das Strahlen in ihren Herzen und das Leuchten in ihren Augen nie verblassen. Sie sind ein Licht in meinem Leben.

Ich danke allen Seelen in der sichtbaren und unsichtbaren Welt. Bleibt meine Lehrer und ich danke meinem Schöpfer für dieses Leben und für die Arbeit, die ich tun darf.

Am Ende möchte ich die Liebe selbst sprechen lassen.

Das Hohelied der Liebe

Das Hohelied der Liebe

*Wenn ich in den Sprachen der Menschen und
Engel redete, hätte aber die Liebe nicht, wäre
ich dröhnendes Erz oder eine lärmende Pauke.
Und wenn ich prophetisch reden könnte und
alle Geheimnisse wüsste und alle Erkenntnis
hätte; wenn ich alle Glaubenskraft besäße und
Berge damit versetzen könnte, hätte aber die
Liebe nicht, wäre ich nichts.
Und wenn ich meine ganze Habe verschenkte,
und wenn ich meinen Leib dem Feuer übergäbe,
hätte aber die Liebe nicht, nützte es mir nichts.
Die Liebe ist langmütig, die Liebe ist gütig. Sie
ereifert sich nicht, sie prahlt nicht, sie bläht sich
nicht auf. Sie handelt nicht ungehörig, sucht
nicht ihren Vorteil, lässt sich nicht zum Zorn
reizen, trägt das Böse nicht nach. Sie freut sich
nicht über das Unrecht, sondern freut sich an
der Wahrheit. Sie erträgt alles, sie glaubt alles,
hofft alles, hält allem stand. Die Liebe hört
niemals auf. Prophetisches Reden hat ein Ende,
Zungenrede verstummt, Erkenntnis vergeht.
Denn Stückwerk ist unser Erkennen, Stückwerk
unser prophetisches Reden; wenn aber das Voll-
endete kommt, vergeht alles Stückwerk.
Als ich ein Kind war, redete ich wie ein Kind,
dachte wie ein Kind und urteilte wie ein Kind;
als ich aber Mann wurde, legte ich ab, was*

kindisch an mir war. Jetzt schauen wir in einen Spiegel und sehen nur rätselhafte Umrisse, dann aber schauen wir von Angesicht zu Angesicht. Jetzt erkenne ich unvollkommen, dann aber werde ich durch und durch erkennen, so wie auch ich durch und durch erkannt worden bin. Jetzt aber bleiben Glaube, Hoffnung, Liebe, diese drei; aber die Liebe ist die Größte unter ihnen.

Die Bibel, 1.Korinther 13, 1-8

Quellenangaben

Quellenangaben

Krishnamurti: *Vollkommene Freiheit,*
5. Aufl. Frankfurt am Main: Fischer, 2006, S. 537
ISBN: 3596150671